KB197051

안전병법

대한민국 무재해 현장을 위한
건설안전의 모든 것!

안전병법 기본편

초판 1쇄 발행 2025년 1월 20일

지은이   노정진

펴낸이   강기원
펴낸곳   도서출판 이비컴

표 지   디자인 수
편 집   박태권
마케팅   박선왜
일러스트 iStock & pixabay

주 소   서울시 동대문구 고산자로 34길 70, 431호
전 화   02-2254-0658 팩 스 02-2254-0634
등록번호 제6-0596호(2002.4.9)
전자우편 bookbee@naver.com
I S B N 978-89-6245-234-1 13300

ⓒ 노정진 2025

Safety Law Plus Project

반드시
읽어야 할
건설안전
길잡이

안 전

대한민국 무재해 현장을 위한
건설안전의 모든 것!

병 법

기본편

노정진 지음

이비락 樂

1. 16세기 이탈리아 정치가 마키아벨리는 『군주론(君主論)』이라는 책을 저술하였다. 군주론은 말 그대로 세습적으로 나라를 다스리는 최고 지위에 있는 사람의 정치적 권모술수의 수단과 처세술을 나열한 글이다. 근대 정치학의 고전이 되었으며, 500년 동안 세상을 다스린 리더들의 지침서라 불리고 있다.

한 기업의 건설, 생산부문 안전 총괄을 맡고 있는 저자는 마키아벨리의 군주론 원서뿐만 아니라 비슷한 류의 여러 가지 책을 통해서 리더의 역할과 사명을 폭넓은 시각으로 알게 되었다.

군주론 원서의 문구 중에 다음과 같은 말이 있다. "나라의 힘을 키우는 일보다 자신의 욕구를 쫓는 왕이 결국에는 나라를 잃어버리는 예도 심심찮게 있다. 따라서 전술을 소홀히 하는 것은 나라를 잃는 주된 원인이 되지만, 효율적인 전술은 종종 나라를 차지할 수 있게 한다." 개인적인 욕구가 지나친 리더들의 사리사욕(私利私慾)은 후배들의 눈에 들어올 수 있다. 알고 있어도 모른척할 뿐이지 어떤 경로를 통해서든 눈과 귀에 들어오게 돼 있다. 특히 저자와 같은 '안전 실무자들'이 주위로부터 인정, 승진, 더 나아가 높은 연봉협상에 목을 매는 상황에만 집착한다면 직원의 생명을 보호하는 본업에 힘을 기울이는 과정에서 심각한 딜레마에 빠질 수밖에 없다. 인정과 승진, 높은 연봉을 찾는 것이 일반적이지 않거나, 정직하지 않다는 것은 아니다. 최소한 안전을 본업으로 하는 직원이라면 최우선 가치를 '근로자 보호'에 중점을 두자는 뜻이다. 우선적인 것에 목을 맨다면 원하는 것들은 부수적으로 따라오게 되어 있다.

물론 매사에 정직하면서 효율적인 운영 전략으로 안전전담반을 이끌어가는 리더도 많이 모셔 왔다. 다만 자신의 욕구를 좇는 일부 개인주의적 성향의 리더들이 회사가 재정적으로나, 다수의 산업재해가 발생하는 등 어려운 상태로 넘어가는 데 직접적 역할을 했다는 논리가 성립되고 있기 때문에 오늘날 리더라는 집단은 근로자들로부터 신뢰를 얻기 어려워졌다. 개인주의적 성향의 리더들은 '재해 우선', '현장 중심', '생산 인력 우선'이라는 말을 단연 보여주기식으로 강조하지만 따르는 후배들은 없다. 후배들 역시 그들을 신뢰하고 있지 않으며, 관료주의가 남아있는 대한민국 직장 내에서 부끄러운 일을 일삼는 선배에게 면전으로 잘잘못을 언급할 수 없으니 알게 모르게 등한시하는 게 적당한 복수라 생각하는 후배들이 대다수이기 때문이다.

리더는 사용자 측에서 일하는 실무자와 현장에서 일하는 근로자 모두의 본보기가 되어야 한다. 특히 안전 총괄을 맡고 있는 리더는 조직 자체가 윤리적이고 양심적이며, 전담반 운영에 있어서 전술, 전략적이면 그만큼 존경을 받기에 더할 나위가 없다. 안전은 혼자서 하는 것이 아니라, 모든 직원이 따라야 성립되는 단연체나 다름없기 때문이다. 앞에서 말했듯이 리더가 자신의 욕구 충족과 리더로서의 사명을 정확히 구분하지 못한다면 조직 기반의 와해로 이어질 뿐만 아니라, 기업의 미래까지 어두워진다.

따라서 공동체의 리더는 개인주의적 행동을 절대 일삼아서는 안 되며, 필요한 역량을 키우고 조직 운영에 전력을 기울여야 지금의 위기를 극복할 수 있다. 리더로서의 사명을 다하지 못한다면 끔찍한 사례는 반드시 따라오게 되어있다.

2. 2018년 12월 충청남도 태안에 위치한 S 발전소 공장은 그날도 어김없이 돌아갔다. 많은 하청 인력의 땀으로 발전소의 온기를 더욱 데웠으며, 아무 말 없이 출근해서 묵묵하게 일하는 근로자들은 퇴근 후 가족들이 기다리는 행복한 공간으로 갈 생각을 하며 최선을 다한다. 그날도 어김없이 하청 근로자 김 군은 현장에 투입된다. 화력발전소 안에는 많은 점검부가 있다. 빛도 들어오지 않아서 어두운 데다가 고착탄 가루와 오염된 분진들이 휘날려 사방이 까맣다. 삽을 들고 점검부 속에 팔을 집어넣어 고착탄을 제거해야

한다. 본래 일이 석탄을 나르고 낙탄을 제거하는 일이기 때문에 제거하지 않으면 점검부 속의 기계가 고장 난다. 그날 새벽 김 군은 홀로 고착탄 제거를 하는 도중 컨베이어 벨트에 끼여 숨진 채 발견되었다.

S 발전소 공장의 리더들은 어떠한 사명을 다하지 못했을까? 사건 내용을 추론했을 때, 작업장에서 연차가 낮은 근로자의 단독 근무, 컨베이어 벨트의 방호 장치 미장착, 잘못된 작업 프로세스 등으로 운영하고 있다는 것으로 추정할 수 있다.

태안의 S 발전소는 정부가 운영하는 공기업이다. 2018년의 안타까운 사고 이후에도 꾸준히 산업재해가 발생하고 있다. 공기업 같은 공공기관에서도 '안전의 사각지대'를 운영하고 있는데 일반 민간기업에서는 말 할 것도 없다. 근로자가 근무지에서 부상으로 인한 장애와 사망사건이 일어나고 건설물, 설비, 원재료, 가스, 증기, 분진 등에 의해 업무상 질병에 걸리는 일이 허다하다. 산업재해 사망률이 OECD 회원국 중에 23년간 두 차례를 제외하곤 1위를 내준 적이 없다는 기사가 증명해 주듯 산업재해 관련법의 개정이 시급하다.

정부와 기업은 경제 성장과 매출을 중요시한다. 그 중요시하는 항목 때문에 '이윤'이라는 앞만 바라보고 있는 태세 때문에, 사건 사고에 대해서는 아주 관대한 시각으로 바라본다. 관대한 시각이라고 표현한 이유는 산업재해 방치나 다름없다. 산업재해의 방치는 범죄 행위나 똑같은 행위인데, 이 범죄 행위를 저지른 가해자에 대한 관대한 법이 떳떳이 존재하고 있기 때문에 더욱 안타깝기만 한 현실이다. 안전은 '일하는 근로자만이 지켜야 한다'는 논리는 성립할 수가 없다. 매출 증대와 기업 성장에 온갖 힘을 쓰는 것은 회사의 역할이지만, 안전한 일터와 사고 없는 근무 환경을 만들어 내는 것, 근로자 보호조치를 앞서 하는 것, 역시 회사의 역할이다. 근로자는 다치지 않고, 건강을 잃지 않고 일할 권리가 있는 것이다. 안전한 환경을 조성하지 않는 회사와 관리 감독자와 같은 책임자는 가해자 되는 셈이다.

그렇다면 안전을 책임지는 우리는 어떻게 행동해야 할까? 안전한 환경 조성을 위하여 두 가지 측면의 출발점을 동시에 고려하여야 한다. 첫 번째는 '위험을 보는 것에서부터 안전은 시작된다'는 점이다. 위험을 어떻게 볼 것인가? 위험에는 보이는 위험, 노출된 위험이 있는 반면에, 가려진 위험, 잠재된 위험도 있다. 이러한 다방면의 위험들을 발굴하고, 볼 수 있는 능력을 갖추도록 하는 것이 아주 중요하다. 참고로 재직 중인 회사의 안전 구호를 '위험을 보는 것이! 안전의 시작이다!'라고 직접 짓기도 했다. 실제로 아침 TBM(Tool Box Meeting, 안전점검회의)이 끝나면 작업자들은 위의 구호를 제창하고 작업장에 투입한다.

두 번째는 '인간은 실수하는 동물이라는 것을 인정하는 것'에서부터 안전을 시작해야 함을 인지하고 있어야 한다. 왜 인간은 실수하는가?

이것은 인간이 가지고 있는 특성과 한계 때문이다. 따라서 인간이 실수하더라도 다치지 않고, 사고 발생으로 이어지지 않는 인간 특성을 고려한 근무 환경 설계가 무엇보다 중요하다. 이런 두 가지 관점을 숙지한 상태에서 안전 분위기 조성에 접근해야 한다. 이런 역할을 담당하는 우리들은 누구나 인정하는 '전문성'과 직원을 보호한다는 '책임감'을 갖추어야 한다.

이 책은 저자가 직접 몸담아 근무한 플랜트 건설 현장의 무재해 기록을 생생하게 담은 수기로 볼 수 있다. 프로젝트 기간 약 500일 동안 출력 인원 12,000명과 함께 진행한 실질적인 안전 활동, 안전 전략 및 안전 기술을 적나라하게 담았으며, 혹시나 안전보건과 관련한 자격증 취득에 목표를 두고 공부하는 수험생들로부터 도움을 주기 위해 산업안전보건법령을 대조하며 기록하였다. 현장에서 일어나는 실질적 안전수칙들은 실제 법령과는 조금은 다를 수 있지만 원칙은 법(法)에 따라야 하므로 일부 법령에 맞춰 각색하면서 글을 썼다.

본 책은 [기본편] 과 [심화편]으로 나눠져 있는데, 기본편은 건설 현장에서 일어난 실제 사례를 중심으로 기술했으며, 심화편은 사례를 기반으로 산업안전과 관련한 법 조항을 더욱 세밀하게 반영시켰다. 참고로 두 책 모두 중복된 과정이 많으므로 심화편을 구독한 사람은 기본편 구독을 생략해도 무관하다.

차 례

PART 1 건설공사 초기

PART 2   건설공사 중기

PART 3 건설공사 말기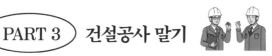

PART 1

건설공사 초기

건설공사 초기(初期)는 현장의 안전체계를 현장시스템에 맞게 최적화하는
단계이다. 안전체계를 최적화한다는 것은 기술적 단계를 충분히 접목하고
이행한다는 뜻이다.

또한, 작업자의 심리적인 욕구를 충족하고, 실수를 방지하기 위한
시스템을 갖춘다는 뜻이기도 하다. 모든 방면에서 최적화해야 할 단계가
바로 건설공사 초기 단계이다.

01 착공 전에는 안전계획을 세밀히 수립하라

1. 건설기술진흥법령에는 안전관리계획을 수립하도록 알리고 있다. '안전관리계획을 수립한다는 것'을 마냥 귀찮은 절차라고 생각해서는 절대 안 된다. 건설공사의 개요를 한 번 더 짚을 수 있는 계기가 될 수 있으며, 다양한 공사의 특성 중에서 가장 탁월하고 합리적인 안전계획을 접목할 수 있기 때문이다. 관련 법규와 규제를 준수하도록 도와주며, 이를 통해 법적 책임을 예방하고, 법적인 문제를 최소화할 수 있다. 잠재적 위험을 미리 파악하고 대비하는 시스템이 마련되어 위험을 효율적으로 관리할 수 있다. 이는 건설 현장의 전반적인 작업 효율성에도 긍정적인 영향을 미칩니다.

2. 나는 오래전부터 프로젝트를 맡을 때마다 안전관리계획을 직접 수립하였다. 예전의 족보를 활용하거나, 진부한 방법의 되새김질이 아닌 새로운 아이디어를 통해 최적의 쾌적한 환경을

만들고 싶었기 때문이다. 그 와중에 'SLPP'가 탄생하였다. SLPP는 전체적인 안전 업무를 포괄하는 패러다임으로 보면 된다. 'Safety Law Plus Project'의 줄인 말이며, 산업안전보건법에 명시된 이행사항은 반드시 지키되, 추가로 안전 활동을 더 많이 이행하여 무재해 사업장을 유지하겠다는 가치관을 나타내고 있다.

안전활동을 더 많이 이행하면 여러 가지 긍정적인 효과가 있다고 믿는다. 안전활동을 강화하면 작업 환경에서 발생할 수 있는 다양한 위험 요소를 사전에 식별하고 대응할 수 있다. 직원들의 안전에 대한 인식이 높아지고, 자연스럽게 안전 규칙을 지키려는 자세가 형성되는데 이는 곧 무재해로 연결된다.

3. 산업안전보건법에 명시되어 있는 것들만 지키며 회사 생활을 할지, 법 이상으로 더 많은 프로젝트를 계획하고 이행할지는 안전을 업무로 하는 자들이 판단하면 된다. 물론 장단점은 있겠지만 나는 후자를 택했다. 그래서 SLPP라는 용어도 내가 직접 고안한 단어이며, 내가 일하는 사업장에 대형 사이즈로 슬로건화 시키기도 하였다.

4. 안전관리계획 사항 중에 가장 중점을 둔 것은 안전관리자 선임이다. 안전관리자의 수에 관한 규정은 산업안전보건법 시행령에 자세히 나와 있다. 의무선임을 이행하지 않는 것은

불법이지만, 의무가 아님에도 선임하는 것은 불법이 아니다. 나는 건설업 기준 50억 원 이상 공사 규모 1명 이상 안전관리자 선임을 엄격히 무시했다. 이는 50억 원 미만의 공사도 무조건 안전관리자를 배치하도록 계획했으며 실제로도 투입했다는 말이다. 이 행위 역시 나의 가치관인 SLPP이다. 낮은 안전보건관리비가 부담될 수 있는 도급사의 안전관리자의 선임이 어려워도 상관없다. 현장소장과 같은 책임자, 감독자들을 안전관리자로 겸임하면 된다.

5. 그다음으로 중요한 사항은 '교육'이다. 안전계획서에 근로자교육프로그램을 구체화하여 법정교육시간 대비 130%~150% 수준으로 더 많은 교육 시간을 할당했다. 일용직이 많은 건설 현장에는 일용직 채용 시 교육이 1시간 이상이고, 작업 내용 변경 교육 역시 1시간 이상 진행되어야 한다. 타워크레인 신호 작업에 종사하는 일용근로자라면 8시간 이상 특별교육이 진행되어야 한다. 나는 그 이상으로 교육을 진행했었다는 뜻이다. 그리고 도급 업무를 하는 시공사에서 작성한 안전관리계획 서류를 볼 때는 안전보건교육 과정별 교육 시간이 정확하게 기록되어 있는지 확인해야 한다. 누락하거나 시간이 잘못되어있다면 실질적으로 작업장 환경에 영향을 미치기 때문이다. 충분한 안전교육 이수 후 자체적으로 시험을 치르고 작업장에서 근무하도록 했다.

02 정부와 회사의 거버넌스를 빠짐없이 체크하고 이행하라

1. '거버넌스(governance)'는 공동체를 운영하는 새로운 방식, 체제, 제도, 그리고 메커니즘을 포괄적으로 다루는 개념이다. 이는 기존의 전통적인 통치나 정부 중심의 체제를 대체하거나 보완하는 것으로 해석되기도 한다. 과거에는 정부가 공적 영역의 대표 주체로 중심적인 역할을 해왔지만, 거버넌스는 이와 달리 정부 기관(예: 노동부, 안전보건공단)뿐만 아니라 직영 회사, 모(母)회사, 지주회사 등 다양한 주체 간의 협력을 요구하는 방식으로, 새로운 통치 체계와 운영 원리를 지향한다.

2. 거버넌스의 개념은 상위 기관을 중심으로 그 정의 방식에 따라 '협의적 개념'과 '광의적 개념'으로 나눌 수 있다. 협의적 개념은 자율적이고 자발적이며 스스로 조직화된 조정 방식을 가리키며, 광의적 개념은 지시를 내리는 주체와 이를 실행하는 주체 간의 상호작용과 협력 체계에서 비롯된 조정 방식을 의미한다.

3. 다만, 작업장에 종사하는 근로자의 안전을 목적으로 한 거버넌스의 개념은 근로자의 보호와 안전한 작업 환경의 조성을 목표로 하며, 이를 위해 사업주, 근로자, 그리고 다양한 정부 기관 간의 협력 네트워크를 중시하는 것으로 이해할 수 있다. 내가 속한 회사의 지주회사가 지속적인 거버넌스를 강조하는 주요 요인으로는 첫째, 공공정책을 준수하려는 민간사업체의 책임 의식, 둘째, 지주회사와 계열사의 모든 근로자가 가진 안전에 대한 요구의 증대, 셋째, 정책 이행에 따른 긍정적인 성과에 대한 기대감을 들 수 있다.

4. 이처럼 거버넌스를 접촉으로부터 실행에 옮기기까지는 많은 노력이 필요하다. 상위 기관과 부서들은 안전하고 쾌적한 작업장을 실현하기 위해 근로자들의 적극적인 참여를 촉구하고 있으며, 안전 문화가 조직 내에서 자연스럽게 정착되도록 관리감독자의 책임을 강조하고 있다. 안전을 담당하는 모든 관계자는 거버넌스의 역할과 중요성을 간과해서는 안 된다. 안전 문화 구현에 속도를 내기 위해서는 문화 자체를 특정 권위나 조직의 강압에 의한 것이 아니라, 개인 또는 소규모 그룹의 자발적 참여를 바탕으로 형성을 시작하는 것이 중요하다고 생각한다.

5. 나는 모든 그룹, 계열사의 컨트롤타워 역할을 하는 부서에서 내려온 '10대 안전 철칙', '비상 상황 발생 시 신속대응팀 가동 체계', '중대재해 신속 보고 일보' 등의 거버넌스가 등장할 때마다 직접

관리하고 있는 모든 근로자에게 자발적 참여 의식을 요구한 상태에서 주입시켰다. 거버넌스가 등장한 당일 또는 다음날 안으로는 신속히 특별안전교육을 진행시켜 교육하였으며, 현장에 접목시켜 직원들이 직접 이행하고 따르는지 모니터링하였다.

6. 거버넌스 이행 역할을 하는 안전총괄과 이하 도급사, 하도급사의 실무 안전을 책임질 안전관리자, 관리 감독자는 역할에 대한 사명감을 가져야 한다. 이 모든 행위는 생명과 연결되기 때문이다. 독일학자 소프스키(Sofsky)는 '안전은 인간의 사고와 행동을 인도하는 핵심 원리이며, 사회적 삶의 원리이다. 안전을 위해서는 어느 정도의 자유 파괴도 감수해야 한다'고 주장했다. 안전이 위협을 받으면 회사 생활뿐만 아니라, 삶의 질과 생존 자체가 위태로워지기 때문이다.

03 발생할 수 있는 모든 안전사고를 예상하라

1. 안전 문제는 과거의 실수를 통해 교훈을 얻으려는 태도를 지양해야 한다. 자유와 민주주의보다도 안전이 최우선의 가치로 자리 잡는 것이 오늘날 전 세계적인 기준이자 스탠더드(standard)이다. 오랜 시간 동안 안전은 현대 사회에서 가장 중요한 가치를 차지하게 되었으나, 우리나라의 경우 생활 안전, 산업 안전, 직장 안전, 교통 안전, 자연재해와 같은 다양한 영역에서 안전 확보를 위한 노력과 기초가 여전히 부족한 실정이다. 특히, 안전 문화의 조기 정착을 위한 교육이 미흡하며, 직장, 학교, 공공시설 등에서 위험 요소를 조기에 감지하고 경고하는 체계적인 관리 시스템도 제대로 갖춰져 있지 않다. 이러한 상황은 대한민국이 OECD 국가 중 안전사고 사망률 1위를 기록하는 원인 중 하나로, 이는 우리 모두가 깊이 고민하고 해결해야 할 과제인 것이다. 안전 시스템이 낮은 국가에서 사업장의 안전을 총괄하는 일은 매우 도전적이며, 에너지 소비가 큰 과업이라 할 수 있다.

2. 신입사원 시절, 회사에서 크고 작은 사고가 발생할 때마다 선배들은 종종 "예고된 사고였다."고 말하곤 했다. 이 말을 들을 때마다 사실 불편함을 느낄 수밖에 없었다. '예고된 사고'라는 말은 사고가 발생하기 전에 이미 위험을 인지하고 있었음을 의미하며, 그에 대한 충분한 예방 조치를 하지 않았다는 것을 암시하기 때문이다. 시간이 흐르면서 나는 사업장 환경에 적합한 안전 문화를 조성하기 위한 정책을 주도적으로 추진하게 되었다. 특히, 근로자들의 자발적인 참여를 중심으로 한 안전 정책을 수립하며, 전문성을 갖춘 관리감독자들에게 적절한 책임과 역할을 부여하는 데 중점을 두었다.

3. 안전분야 연구의 개척자라 할 수 있는 '하인리히(Heinrich)의 법칙'은 절대 무시할 수 없는 '사고의 방지책'이다. 구체적이며 실제로 발생할 수 있는 것으로 정의하였기 때문에, 본 프로젝트에서 접목을 많이 하였다. 안전과 관련된 많은 사람들이 이 정의를 받아들이고 있듯이, 나 역시도 맹신하듯 받아들였다. '니어미스(Near Miss)'가 언젠가는 중대재해로 돌아올 것임을 알기에 출근길 차 안에서 늘 프로젝트를 상상하며 니어미스를 예상했고 도급사 소장들에게 충분히 사고가 날 수 있는 사례를 공유하였다.

4. 산업안전이라는 말은 산업사회로 진행되면서 생긴 말이고, 기본적으로는 경제적인 목적으로 하는 행위 중에 인간의 신체나 재화에 부정적인 결과가 없는 것을 의미한다. 그만큼 근로자가

다치지 않고 편안하게 일할 수 있는 것을 목표로 두어야 한다. 위험은 '실패하거나 목숨을 위태롭게 할 만함, 안전하지 못함'이라고 국어사전에 정의되어 있다. 앞에서 살펴보았듯이 안전은 위험하지 않은 상태를 말하며, 안전과 위험은 동전의 양면으로, 위험을 알고 제거하면 안전한 상태를 이룰 수 있다. 위험성 발굴에 재능이 있고 쉽게 개선 대책을 마련하는 자가 유능한 '안전전문가'이다.

5. 나는 프로젝트에 어떤 종류의 위험이 있는가를 찾아내는 행위를 게을리하지 않았다. 위험요소 발굴이 있어야 사업장의 평가가 이루어지기 때문이다. 위험한 사업장을 평가하는 것이 '위험성평가(risk assessment)'이다. 위험성평가는 현대의 위험통제에서 매우 중요한 의미를 가지며, 안전보건 경영시스템 등 통합위험관리 활동의 근거로서 기초를 제공한다. 제조 환경에도 필수로 해야 하지만 건설 환경에도 반드시 이뤄져야 한다. 위험성평가는 현장의 잠재적 위험을 효과적으로 관리하고 예방하며, 이를 통해 사고를 줄이고, 법적 규제를 준수하며, 재정적 손실을 방지하는 데 중요한 역할을 한다. 이는 근로자들의 건강과 안전을 보호하고, 조직의 효율성을 높이며, 기업의 평판을 향상시키는 등 여러 방면에서 장기적인 이점을 준다.

04 안전보건조정자의 역할 범위를 크게 제공하되, 존중하라

   1. 플랜트 건설 현장은 분리된 공사가 대부분 2개 이상으로 구성되어 있기 때문에 '안전보건조정자'는 반드시 선임하게 되어있다. 많은 사람들이 헷갈려하는데 '한 장소에서 2개 이상의 공사'라는 말이 'A 프로젝트와 B 프로젝트를 동시에 진행한다'는 뜻이 아니라, 한 프로젝트에서 토목공사도 하고, 소방설비 설치 공사도 하고, 철골 설치공사도 하는 등 여러 개의 공사를 진행한다는 뜻이다. 따라서 플랜트 건설 현장을 떠나 어떠한 대형 프로젝트 공사에서 2개 이상의 공사는 필수적이다.

> · 안전보건조정자의 선임 대상
>
> 가. 2개 이상의 총 50억 원 이상의 건설공사를 도급한 건설공사 발주자는 안전보건조정자의 선임 의무가 있음
>
> 나. 도급인에게 공사를 일괄 도급하더라도 통신, 전기공사는 분리발주 원칙으로 선임 대상이다.

                              안전병법

2. 선임을 하기 전에 안전보건조정자 후보군을 '플랜트 건설' 경험이 풍부한 자로 요청했다. 물론 안전관리를 수행하는 사람이 갈수록 부족해지는 현상이 있는 것은 잘 알지만 관련 인력을 보유하고 있는 회사에 당부하고 또 당부했다. 안전보건조정자는 공사안전총괄인 나의 업무 범위와 책임이 거의 동일하므로 아무나 선임할 수 없는 노릇이었다. 그래서 소속 회사의 네임 밸류, 최종 학력, 자격증보다는 '경력'을 우선시하였다. 건설안전 분야 안전보건관리책임자 3년 이상과 건설안전기사 보유자인 경우 5년 이상의 필수 경력은 법적으로 주어지지만, 나는 플랜트 건설 경력 그 이상의 경력자 영입에 몰입하였다.

3. 최종적으로 선택된 안전보건조정자는 출근과 동시에 지정서를 작성하였고 '안전학습관'의 공사 현황판에 부착해 두었다.(안전학습관은 공사 근로자의 안전교육을 진행하기 위해 안전전담반의 별관으로 설치된 룸인데 그 안에 각종 공사 관련 서류를 보관하고, 비치하는 장소로 사용했다).

4. 분리발주 된 각 공사 간의 혼재작업을 조정하는 역할, 공사의 일정과 내용 조율 등이 주어지지만 그 이상의 업무를 요구했다. 또한 각 도급사 책임자에게 선임 결과를 통보하였으며 안전보건조정자의 지시와 감독에 대해 충분히 받아들이고, 이행할 수 있도록 분위기를

조성해 주었다. 공사 업무를 수행하면서 가장 많이 놓치는 경우가 있는데, 그것은 안전보건조정자가 선임이 되면 공사안전보건대장에 반드시 관련 내용을 기록해야 한다는 점이다.

안전병법

05 심리적 전략은 충분히 공개해야 한다

1. 공사가 시작되자마자 단순히 "안전이 중요합니다", "이 작업은 위험하니 조심하세요"와 같은 상투적인 경고에 그치는 안전 방식을 지양하겠다고 선언했었다. 대신, "왜 위험한가?", "어떤 상황에서 위험이 발생하는가?", "어떻게 하면 위험을 예방할 수 있는가?"와 같은 구체적인 질문을 통해 근로자들과 함께 위험 요소를 분석하고 개선 방안을 마련해 나가는 방식으로 공사를 진행하겠다고 했다. 이렇게 해야만 근로자 개개인뿐만 아니라 기계, 설비, 시스템, 그리고 조직 전체의 안전을 실질적으로 확보할 수 있다고 믿었기 때문이다.

2. 안전은 사람의 심리와 밀접한 관련이 있으며, 이와 관련한 학술연구지도 정확히 셀 수 없을 만큼 많이 존재한다. 심리학에서도 안전성과 편리성 사이의 균형에 대한 연구가 활발히 진행되고 있는 이유는, 재해의 간접적인 원인 중 상당수가 사람의 심리적 요인에서 기인하기 때문이다. 간접적인 원인은 다양한 요소로 분류할 수

있지만, 나의 경험과 지식으로 볼 때 '착오, 실수, 부족한 판단'과 같은 문제는 대체로 심리적 요인에서 비롯된다고 판단한다. 20년 가까이 안전실무를 해온 입장에서, 심리적 안정과 올바른 의사결정이 안전사고 예방의 핵심이라는 점을 절감했기 때문이다.

3. 갈수록 건설 현장의 인력 채용이 어렵다. 따라서 지역에서 채용이 어려워 타지방 출신의 일용직들이 대다수였는데, 새로운 세대로 교체되어 산업현장에 흔히 개성 세대라고 불리는 근로자들도 간간히 보였다. 그중 과도한 자존심과 자만심이 눈에 띄는 사람들도 가끔 보였다. 실제로도 '개성적 결함요인'들이 사고 사례로 이어지기도 하는데, 방법은 충분히 찾을 수 있다. 과도한 집착이나 도전적인 성격, 다혈질 및 인내심이 부족한 사람들(군대에서 속히 말하는 관심병사와 같은 부류)도 함께 프로젝트에 참여했다. 사람의 첫인상은 3초면 된다고 했듯, 나는 불안전한 행동을 일삼아 충분히 사고를 낼 수 있는 근로자라고 판단해서 배치 전 안전교육을 진행할 때 유난히 그들에게 질문을 많이 던졌다. 오로지 충분한 안전 인식이 탑재된 근로자들로 하여금 현장을 맡기고 싶은 내 욕심이기도 했다.

4. 공사 초기에 관심병사로 분류하거나 판단되는 근로자에게 안전대(고소 작업용 안전벨트)가 커다랗게 찍힌 사진을 보여주며 어떤 생각이 드는지를 질문한 적 있다. 일종의 '투사법(Projective Techniques)'이었다. "답답하고 어깨가 조여 숨이 막힐 것 같습니다."는

피드백이 돌아왔다. 투사법은 특정 주제에 대해 직접적으로 질문하지 않고 단어, 문장, 이야기, 그림 등 간접적인 자극을 제공해 응답자가 자신의 신념과 감정을 이러한 자극에 자유롭게 투사하게 함으로써 진솔한 반응을 표현하게 하는 방법이다. 그 근로자는 어떻게 되었을까? 안타깝게도 소속 도급사의 소장에게 부탁해서 다른 프로젝트로 전근을 보내게 되었다. 안전 보호구와 같은 간단한 사물을 이용한다면, 투사법은 근로자의 내면에서 일어나고 있는 심리적 사고를 알아맞히기에 편리한 심리테스트였다.

5. 캐나다의 교통 심리학자인 제럴드 와일드(Gerald J. S. Wilde)의 '리스크 항상성 이론'에 따르면, 운전을 쉽게 할 수 있는 도로를 설계하는 것이 반드시 사고를 줄이는 결과로 이어지지는 않는다. 하지만 초보 운전자나 자신감이 부족한 운전자도 쉽게 도로를 이용할 수 있도록 하여 전체적인 이동성을 높이는 데 기여할 수 있다. 이러한 관점에서 안전 기술은 근로자의 생명과 건강을 지키는 동시에, 업무 효율성을 증대시키는 중요한 역할을 한다. 안전의 가치를 올바르게 이해하고 이를 사람 중심의 관점에서 바라보는 것이 무엇보다 중요하다. 안전은 단순한 규정 준수가 아닌, 사람을 위한 궁극적인 목표임을 인식해야 한다. 따라서, 리스크 항상성 이론의 목표를 보았을 때, 안전 기술이 근로자의 생명과 더불어 전체적인 프로젝트(사업)의 효율성을 증대하기 위한 기술인 것이나 마찬가지이다. 본연의 안전이란 근로자에게 어떠한 가치를 갖고

있는지에 대한 목적의식이 있으므로 최종적인 타깃인 '사람'의 관점에서 객관적으로 보기 위해 필요한 과제라고 할 수 있다. 안전을 사람 자체를 위한 도구적 가치라고 인식하고, 이해해 가는 것이 중요하다.

6. 사람을 대상으로 연구하는 심리학적 접근이야말로, 안전의 접근에 있어 가장 우선시되어야 하는 과정이다. 심리학과 안전의 연관성은 매우 밀접하며, 안전사고의 예방과 관리, 안전 문화의 형성에 심리적 요소가 중요한 역할을 한다. 심리학은 사람들의 행동, 의사결정, 감정, 인지 과정을 이해하는 학문으로, 이를 안전 분야에 적용하면 위험을 줄이고, 사고를 예방하며, 안전한 환경을 구축할 수 있다. 따라서 다양한 학설을 주장하고 내세운 심리학자들의 이론을 충분히 숙지하고 접목하는 것이 안전 업무를 하는 자들의 일이라고 생각한다. 숙지하고 이해했으면, 충분히 공개(공유)하는 것이 바람직하다. 안전은 단순히 규정이나 물리적인 장치만으로 이루어지지 않는다. 위험한 상황과 현실을 어떻게 인식하고, 스트레스에 어떻게 반응하며, 행동을 어떻게 변화시킬지에 대한 이해가 매우 중요한 역할을 한다. 심리학을 배우고, 인지하고, 충분히 활용하면 사람들이 안전에 대해 더 효과적으로 인식하고 행동하도록 유도할 수 있으며, 이는 궁극적으로 안전한 작업 환경을 만드는 데 크게 기여한다.

06 기능공의 실력을 직접 눈으로 확인하라

1. 렌탈(Rental) 장비 중 고소 작업용 리프트카(Lift car)를 수시로 사용하는 현장이었기에 리프트카를 조작하는 근로자들의 실력을 직접 눈으로 확인하고 싶었다. 공사 안전 총괄인 나는 안전보건조정자와 함께 라바콘을 이용하여 자동차 도로연수인 마냥 차선을 만들었고 근로자들의 운행, 조작 실력을 직접 확인했다.

2. 리프트카의 운행, 조작 실력이 부족한 기능공들은 안전기능교육에 참여시켰으며, 작업 방법, 취급 및 조작 행위를 몸으로 숙달시키기 위해 매일 30분 정도 실습 시간을 따로 제공했다. 현장실습을 통한 경험 체득과 이해들이 그들의 실력을 향상시켰다.

3. 지게차를 용역으로 발주하거나, 직접 지게차를 갖고 있는 도급사 근로자 상대로 안전운행을 강조했다. 또한 작업 시작 전 점검 사항을 체크리스트로 만들어 제공했는데, 제동장치 및 조종장치 기능의

이상 유무, 하역장치 및 유압장치 기능의 이상 유무, 바퀴의 이상 유무, 전조등, 후미등, 방향지시기 및 경보장치 기능의 이상 유무는 반드시 점검하도록 하였다. 참고로 지게차의 후방에 카메라 및 안전봉(볼라드) 미부착, 후진 경고음 미작동 시 우리 공사 현장에는 출입을 허가하지 않았다.

4. 공사 착공과 동시에 비계조립이 한창일 때였다. 파이프의 조인트로 사용되는 클램프(Clamp)를 고소에서 두 번 떨어뜨린 근로자가 있었는데 한 번만 더 떨어뜨리면 작업 중지에, 작업장 퇴출로 이어진다는 것을 인지한 후 안전수칙은 거의 완벽한 수준으로 지키며 근무했었다.

5. 고소 작업대(차량 탑재형)에 올라탄 근로자 상대로 SAO 활동을 하고 있을 때였다. 유난히도 오래되어 보이는 차량이었는데 도급사 관리 감독자가 작성한 차량 점검표를 확인했지만, 큰 이상은 없었다. 공교롭게도 안전 인증 기간을 1년 정도 초과한 차량으로 확인되었고 작업장에서 곧바로 퇴출되었다. 차량 점검표 역시 형식적으로 작성한 서류로 확인되어 관리 감독자는 경고 조치가 이뤄졌다.

· 안전인증 대상 기계 또는 설비

가) 프레스, 나) 전단기 및 절곡기, 다) 크레인, 라) 리프트,

마) 압력용기, 바) 롤러기, 사) 사출 성형기, 아) 고소 작업대,

자) 곤돌라

6. 높은 철골 위에서 용접하는 용접공이 약 20명 이상 되다 보니 보통 신경 쓰지 않으면 큰일이 날 것 같았다. 그 중 '상황성 재해 누발자'로 간주할 수 있는 근로자는 별도로 관리하였는데 나이가 만 60세 이상이거나, 건강 유소견자로 추렸다. 실제 상황성 재해 누발자의 재해발생 원인은 작업이 어려운 경우, 기계설비에 결함이 있는 경우, 심신에 근심이 있는 경우, 환경상 주의력 집중이 곤란한 경우로 추릴 수 있다.

7. 분야별 기능공마다 Key Job 요원을 암묵적으로 선정해 두었다. 실제로 그들은 안전수칙은 물론 원청이나 발주처의 요구조건에 쉽게 순응했다. 그들에게 공사 초기부터 OJT(On the Job Training, 직장내 훈련)를 주도할 것을 요구했는데, 오전 10시 반 휴게시간을 이용하여 동료들에게 적절한 지도훈련을 하였다. 작업장의 설정에 맞게 실제적 훈련이 가능했으며, 훈련에 필요한 업무의 계속성이 끊어지지 않도록 OJT의 장점을 잘 살렸다. 역시 에이스들은 에이스다웠다.

07 오로지 무재해를 위한 리더십을 보여라

1. 원청, 발주사에 속한 근로자라면 의무적으로 리더십을 선보일 필요가 있다. 안전수칙을 위반한 도급사에게 벌칙을 주고, 무리한 공사대금 요구에 거부 등 강압적인 권한이 있다. 속히 강압적 권한을 갖고 있기 때문에 충분히 리더십을 보여야 도급사들은 원칙을 따른다.

2. 착공 첫날 직발주 업체 중 가장 큰 시공사인 P사는 발주처로부터 안전작업계획서 작성을 거부하였다. 자기들은 EP, C 관리감독만 할 뿐 하도급사들이 현장에서 직접 시공한다는 논리로 나를 설득하였다. 강압적 권한을 갖고 있는 내 입장에서는 순순히 받아들이지 않았고 미 작성 시 작업 중지 등의 처벌을 내릴 것을 선포했었다.

3. 리더십은 갑자기 생기는 것도 아닌, 누군가에게 배우는 것도 아닌, 스스로 깨닫고 시간을 두고 몸에 배도록 만드는 것이다.

다양한 매체를 통해 직접적으로 성향을 갖출 수 있는데 나는 대부분 리더십과 관련된 자기계발 서적을 통해 배워나갔다. 리더십이란 통달할 수 있는 경지가 있는 것이 아니기에 나의 성향과 가치관 그리고 상황에 맞는 내용을 체화(體化)하였다.

4. 과업형 리더십은 개인적인 생각으로 장점이 없다고 느낀다. 행정적 업무와 현장에서는 관리 감독 업무가 주요 일이라고 생각하고 인간관계에 대해 관심이 없는 유형인 과업형 리더십은 직무 유기나 다름없다. 안전은 인간을 다루고 인간관계 속에서 이끌어갈 수 있는 무기를 휘둘러야 할 개념이기에 인간관계 유지 자체가 일이기 때문이다. 공사 착공일을 기준으로 프로젝트가 끝날 때까지 함께하는 근로자들을 밀접하게 챙기며 관계를 유지했다.

5. 가을쯤 공사 현장의 전체 근로자들에게 무재해를 이어가면 겨울철에 따뜻한 커피와 어묵을 준비하겠다고 약속했으며, 봄 즈음에는 무재해를 이어가면 여름철에 연예인들이 자주 이용한다는 커피 트럭을 준비하겠다고 약속했었다. 교환적(거래적) 리더십을 보였던 사례인데 실제로 무재해를 유지하여 약속을 모두 지켰었다. 교환적 리더십은 리더와 근로자 간의 거래를 통해서 수행되는 리더십이며, 근로자의 노력에 대한 성과를 보상하는 거래관계에 바탕을 둔 리더십으로 볼 수 있다. 변화보다는 안정성을 중시하는 내 성향과 잘 맞았다.

6. 안전보건공단의 '우리는 원팀'이라는 프로그램이 한창 인기였을 때 관할지사와 안전기술 제휴를 맺었다. 이용할 수 있는 정보나 안전 기술에 관한 정보를 빌려서 제공하거나 '안전보건커미티'라는 프로그램을 만들어 직접 기술교육을 진행하였다. 전문가로서의 리더 역할을 한 셈이다.

7. 직장생활은 하면서 오래전부터 느껴온 것이지만, 리더는 자신의 행동을 통해 직원들에게 안전 문화의 중요성을 보여야 한다고 생각한다. 이를 통해 리더가 안전 규칙과 절차를 철저히 준수하는 모습을 보이면 근로자들도 자연스럽게 이를 따르게 된다. 본인은 안일하게 행동하면서 지시만 일컫는 리더는 존경을 받을 수 없다. 또한 리더는 안전에 대한 문제나 우려를 자유롭게 이야기할 수 있는 개방적이고 신뢰 있는 환경을 우선적으로 만들어주어야 한다고 생각한다. 직원들이 안전 관련 문제를 두려움 없이 보고할 수 있도록 해야 하며, 리더는 이를 적극적으로 수용하고 개선 방안을 마련해야 한다. 예전에 모셔 왔던 리더 중에 보고의 피드백의 속도가 느리거나, 전혀 없거나, 부정적인 말투의 피드백을 일삼는 리더가 있었는데 아직 머릿속에서 지워지지 않고 있다. 당시에 리더를 모시면서 '나는 절대 닮지 않겠다'고 맹세했었다.

8. 근로자에 대한 동기부여 방책을 고민하는 리더의 주위에는 성과에 총력을 다하는 직원들이 존재한다는 말을 들은 적이 있다.

존경을 받는 리더는 무재해를 목표로 한 성과를 평가하고, 안전에 기여한 직원에게 보상이나 인정을 제공하여 안전 활동에 대한 동기를 부여해야 한다. 근로자에 대한 동기부여가 조직이 원하는 목표에 도달할 수 있게 하는 힘을 제공하기 때문이다.

08 휴먼에러 방지에 총력을 다하라

1. 사고의 직접적인 원인으로 언급되는 용어로 '휴먼에러(Human Error)'가 자주 등장한다. 자주 등장한다는 것은 그만큼 주원인이라는 뜻이다. 주변에 있는 기업들의 중대사고 사례를 분석해 보면 종전부터 휴먼에러가 직접적인 계기가 되어 발생하는 경우가 끊이지 않고 발생하고 있다. 공사 기간에 스카이 장비를 타고 파이프 용접을 하는 작업을 하던 도중 손바닥만 한 작은 페인트통에 불티가 옮겨 화재가 난 적이 있었다. 물론 대수롭지 않은 작은 이슈였지만, 나는 쉽게 넘기지 않았다. 작업을 진행한 업체의 관리소장으로부터 사고경위서를 작성하되, 주기적으로 실시한 용접 교육을 통해 작업 구역에 인화성 물질을 두지 말라고 했음에도 불구하고 지키지 못했던 사유를 세밀히 기록하라고 주문하였다. 본 이슈는 휴먼에러에 의해 발생한 사고의 전형적인 예라고 말할 수 있다. 이와 같은 중대 사고를 포함하여 사고의 대부분에는 휴먼에러가 관여하고 있다고 말해도 과언이 아니다. 하루 평균 출력 인원 150여 명의 근로자들이 매일

수차례 안전수칙을 어기는 것은 틀림없는 현실이며, 사실이다.

2. 휴먼에러는 과연 무엇일까? 사람, 기계, 조직 등 모두를 포함한 시스템 속에서 사람에게 부과된 임무를 시스템으로부터 요구받고 있는 대로 행하지 않아, 시스템의 기능, 안전성을 저해하는 것을 말한다. 쉽게 말하면, '의도하지 않고 저지른 실수'임을 의미한다. 그리고 인간공학의 관점에서는 에러가 시스템과 인간의 부조화로 인해 발생하는 것, 따라서 에러의 방지에는 시스템 전체를 시야에 넣어 시스템 설계와 개량을 검토해야 한다는 점이 중시되고 있다. 시스템 설계라고 하여도, 여기에는 기계, 기구 및 설비의 설계뿐만 아니라, 사람과 기계의 역할 분담, 인원 배치, 작업 시간 및 휴게 시간, 작업 방법과 모습, 교육훈련 방법, 조직 설계 등도 포함된다.

3. 안전을 업무로 하는 사람이라면 가장 골칫덩어리가 바로 휴먼에러일 것이다. 사람은 실수하고 나 역시도 모든 행동 과정에서 하루에도 몇 번의 실수를 하면서 살아가기 때문이다. 또한 실수라는 행위가 일부러 그런 것은 아니기 때문에, 역시 의도하지 않은 잘못이라고도 할 수 있다. 하지만, 어쩔 수 없이 발생하는 자연스러운 상황이라는 논리로 인해 간과해서는 안 된다. 실수가 곧 사고로 이어지고, 생명을 잃을 수 있기 때문이다.

4. 대다수 기업은 근로자에게 많은 것을 요구한다. 건설 현장에서도

마찬가지로 용접공에게 용접봉 검수를 추가로 주문하고, 심지어 그라인더 작업까지 요구할 수 있다. 한정된 인건비로 다양하게 일감을 주어 하루라도 공기를 단축시키려는 의도가 포함되어 있을 수 있다. 4차 산업을 기반으로 현대의 산업계는 인공지능(AI), 사물인터넷(IoT), 로봇기술 등으로 대표되듯이 고도 시스템화되어 있고, 1인(人)의 인간이 조작하거나 처리하는 에너지의 양은 그것과 함께 거대화되고 있다. 따라서 인간의 사소한 실패, 즉 일종의 휴먼에러가 계기가 되어, 그것이 중대재해에 이를 가능성이 있어서 휴먼에러가 발생하는 이유와 그 메커니즘을 과학적으로 해명하여 사고방지 대책에 기여할 수 있는 자리가 필요하다.

5. 건설 초기부터 건설 현장에서 원청사와 도급사의 관리 감독자들이 모여 기구를 만든 '안전보건협의체'에서 휴먼에러로 인한 사고방지책을 매월 논의할 수 있도록 했다. 방지책은 크게 어렵지 않다. 우선 작업장에 환경과 근로자들의 컨디션 확인을 습관화하는 것이 우선이며, 그것을 분류 항목으로 자료화하면 쉽다. 매주 각 도급사마다 기술하는 위험성 평가지에 휴먼에러로 인해 발생할 수 있는 위험 항목을 따로 만들었다. 그리고 방지책 같은 경우는 도급사 안전관리자가 먼저 작성하고 나를 포함한 많은 관리 감독자들이 아이디어를 주고받으면서 보완해나갔다. 물론 방지책은 현장에 접목하였고, 실시간 이행여부를 모니터링하였다.

· 휴먼에러 방지를 위한 기본사항

가) 정리정돈 : 작업장 주변에 불필요한 부품을 없애고 물건을 정해진 위치에 놓는 것이 휴먼에러를 없앤다.

나) 표준정비 : 작업 순서를 명확히 하고 공구 사용 방법을 표준화한다. 정량화한 작업 표준을 숙지하기 쉽게 문서화한다.

다) 교육훈련 : 다양한 방법의 교육과 훈련을 통해 개인에게 적합한 방법을 찾고 휴먼에러 사례를 공유한다.

라) 위의 기본사항 외에도 눈으로 보는 관리, Fool-Proof(조작 순서를 착각하여도 위험한 상황을 예방할 수 있는 장치), 관리자 관리, 일상 관리가 있다.

09 의도적인 불안전행동을 하는 사람은 분명 존재한다(1)

1. 프로젝트에 참여한 도급사는 약 6~7개의 업체로 이뤄졌다. 공사가 한창일 때는 열 군데도 넘었다. 타워형 플랜트 공사였기 때문에 고소 작업이 대부분이다. 한번은 안전대(고소 작업용 안전벨트)를 매지 않고 일하는 근로자를 목격했고 그 자리에서 관리 감독자를 불렀다. 안전대 지급 유무를 파악했지만 회사는 안전대를 당 공사 현장에 투입된 출력 인원 모두에게 지급했다고 했다. 그렇다면 본 사례는 근로자의 '착각'이 아닌 '의도적인 불안전행동'이었다. 그리고 소속 관리 감독자의 말을 여러 차례 들어보면 평소에도 안전수칙 생략은 물론이고, 작업 보호구가 몸에 불편하다고 불평불만이 많은 근로자라고 평이 나 있었다.

2. '의도적인 불안전행동'은 산업안전 분야에서 자주 사용되는 말이다. 말 그대로 '안전하지 않은 행동'으로써, 안전매뉴얼을 위반하거나, 명백한 위반은 아니지만 사고, 재해 리스크를 높이는

안전병법

행동을 가리킨다. 이것은 의도하지 않은 에러의 결과로써 발생하는 위험행동(예컨대, 고소 작업 중 발을 헛디디는 경우, 고열의 장비에 손을 데어 화상을 입는 경우 등)을 포함하는 경우도 있지만, 본 내용에서는 근로자가 자의적, 의도적으로 선택하여 사고 리스크를 높이는 행동만을 의도적인 불안전행동이라고 정의하여 정리하도록 하겠다.

3. 좀 더 깊이 들어가 보자. 의도적인 불안전행동은 크게 자신의 의사로 안전하지 않은 행동을 선택하는 '리스크 수용 행동'과 규칙에 위반하거나 규칙 위반을 용인하는 '위반행동'으로 구분한다. 리스크 수용 행동과 위반 행동은 모두 안전과 관련하여 사람들의 의사결정 및 행동을 설명하는 개념이지만, 그 본질과 동기, 결과에서 차이가 있다. 리스크 수용 행동은 위험성을 인지하고도 이를 받아들이며 의도적으로 위험을 감수하는 행동을 말한다. 높은 생산성을 위해 위험한 기계를 최대 속도로 작동시키는 경우 또는 긴급 상황에서 규정을 넘어 위험한 접근을 시도하는 행위를 예로 들 수 있다. 이에 반해 위반 행동은 정해진 규칙이나 절차를 고의로 어기는 행동으로, 이는 안전을 저해하거나 사고로 이어질 가능성이 있다. 안전 장비를 고의로 착용하지 않는 행동, 고소 작업 시 안전대(안전벨트)를 사용하지 않는 경우, 장비 운전 시 규정 속도를 초과하는 행위 등이 있다.

· 리스크 수용 행동과 위반행동의 차이점

항목	리스크 수용 행동	위반 행동
의도와 동기	위험을 인지하고 이익을 위해 감수함	규정을 알면서도 고의로 위반함
위험 인식 여부	위험을 알고 행동함	위험성을 인식하지 못하거나 무시함
규칙과의 관계	규칙 내에서 허용 될 수도 있음	규칙과 절차를 고의적으로 위반함
조직의 관절	경우에 따라 허용될 수 있음	절대적으로 금지되며, 처벌 대상임
행동 결과	효율성 증가, 이익 창출 가능성있음	사고, 부상, 재해 등 부정적 결과 초래 가능
예시	높은 생산성을 위해 위험을 감수함	안전장비를 착용하지 않음

4. 의도적인 불안전행동은 몇 가지 점에서 휴먼에러에 의한 사고와 깊은 관계가 있다. 첫째, 의도적인 불안전행동을 함으로써 의도하지 않은 에러의 확률이 증대된다. 예를 들면, 그라인더 날을 규격에 맞지 않는 큰 사이즈로 변경하면 자연스럽게 덮개를 개조하거나, 탈착한 채로 작업을 해야 한다. 둘째, 의도적인 불안전행동을 함으로써 에러가 사고로 연결될 확률이 증대된다. 덮개가 없는 절단기로 작업을 하면 손가락과 같은 신체가 절단될 가능성이 높아진다. 셋째, 의도적인 불안전행동을 함으로써 사고의 손해 또는 피해가 심각하게 커지게 된다. 덮개가 없는 절단기를 사용함에 있어 그라인더용 장갑을 착용하면 경상으로 끝나지만, 착용하지 않으면 중상을 입을 수도 있다.

5. 내가 염려하는 큰 문제는 의도적인 불안전행동에 의해 휴먼에러

방지책이 무효로 되어 버리는 경우가 있다는 것이다. 고소 작업에서 발을 헛디디는 에러가 발생해도 사고로 연결되지 않도록 안전대를 착용하게 되어 있는데, 불편하다는 이유로 그것을 착용하지 않고 작업하거나, 지게차가 후진할 때 부딪힘 사고로 연결되지 않도록 경보가 울리게 되어 있는 장치를 운전자가 귀가 따갑다는 이유로 아예 끄고 운전하는 경우 등을 그 예로 들 수 있다.

10 의도적인 불안전행동을 하는 사람은 분명 존재한다(2)

1. 의도적인 불안전한행동을 하는 이유가 무엇일까? 고소작업장으로 올라갈 계획이 있음에도 불구하고 안전대 착용을 거부하고, 지게차의 후진 경보음을 일부러 꺼버리는 행위를 왜 하는 것일까? 누군가는 위반할 수 있는 상황이 조성되어 있으면 위반할 수 있다고 표현한다. 어떤 상황에서 사람은 안전수칙 위반을 저지를까? 그리고 사람은 어떠한 안전수칙을 위반할까? 여기에서는 건설현장에서 준수되지 않는 안전수칙의 조건에 대하여 이야기해 보겠다.

2. 준수되지 않는 안전수칙의 특성을 보면 수칙 절차가 굉장히 복잡하고 많아서 숙지하기가 어렵거나, 별도의 신체적, 정신적인 노력이 필요한 경우가 있다. 또한 준수하지 않아도 관리 감독자로부터 노여움을 사거나 처벌받지 않는 등 강제력이 없는 수칙은 쉽게 지켜지지 않는다.

안전병법

3. 공사 초기, 현장 입구에 '지적확인' 이라는 문구의 동그란 표지판을 바닥에 부착해 두었다. 동그란 표지판 위에 올라서면 오른손의 검지손가락을 치켜들고 좌, 우, 상단을 가리키며 "지.적.확.인!"이라고 큰 소리로 외친다. 작업장의 안전상태를 체크하는 행위를 하면서 입장을 하는 수칙인데, 처음에는 근로자 대부분이 참여하다가 나중에는 잘 지켜지지 않는 룰이 되어버렸다. 빠른 속도로 소홀히 여겨지는 룰이 되었는데, 아무리 혼자서 '이 룰은 반드시 준수해야 한다'고 생각하고 있더라도, 아무도 참여하지 않으니, 좀처럼 정착하기 쉽지 않아서 나조차도 지켜내기 힘든 룰이었다고 생각한다. 참여하지 않는다고 해서 별도의 처벌을 내리거나 잔소리 같은 행위는 하지 않았던 수칙이었다.

4. 즉, 안전수칙은 집단이나 조직 구성원들이 함께 지키기로 약속한 사항으로, 이를 통해 구성원들이 안전의 필요성을 인식하고 적극적으로 참여하도록 유도하는 데 그 목적이 있다. 안전수칙은 준수하지 않아 적절한 제재가 뒤따를 때 비로소 실질적인 효력을 발휘한다. 반면, 위의 사례처럼 지나치게 복잡하거나 실천하기에 많은 노력이 요구되는 안전수칙, 또는 제재가 전혀 없는 안전수칙은 구성원들의 참여도가 빠르게 감소할 가능성이 높다는 점을 보여주는 경험이었다.

5. 플랜트 건설 현장이 준공되고, 시운전을 마친 후에 제조(생산)

과정으로 운영된다고 가정할 때, 건설 현장 근로자와 제조 현장 근로자를 비교해 보면 그 특성은 확연히 다르다. 건설 현장 근로자는 대부분 단기 프로젝트 신분이라서 공사가 끝나면 종결되는 관계이고, 제조 현장 근로자는 대부분 정규직이라 정년이 보장되어 있고, 자발적인 퇴사를 희망하지 않는다면 계속 지내야 할 관계이다. 비교한다면 프로젝트 신분은 준법정신이 낮을 수밖에 없다. 이유는 기술하지 않아도 다들 알 것이다. 그렇다고 건설 현장에서의 불안전행동을 놔둘 수도 없는 노릇이다.

6. 불안전행동은 문자 그대로 '불안전한 행동', 즉 '위험한 행동'이다. 의도적으로 불안전행동을 한다는 것은 위험한 행동을 스스로 선택한다는 것이다. 어떠한 경우에 안전수칙을 무시하는 위험한 행동을 하는지 알아볼 필요성이 있다.

첫째, 위험한 행동을 통해 발생하는 리스크(Risk)를 소극적으로 느끼는 경우이다. 큰 위험은 없다고 생각하거나, 지금은 안전하다고 생각하며 수칙을 무시한다. 안전수칙을 이행하는 점에 브레이크를 거는 행위는 매우 위험하다. 안전수칙을 지키지 않으면서 지금은 안전하다고 생각하는 것은 지극히 리스크의 주관적 추정이다. 현장에서 안전수칙 미준수 근로자와 안전보건조정자가 다투는 경우를 많이 보았다. 주관적 추정과 안전법률과 사례로 증명하는 객관적 논리와의 싸움이 대부분이다. 안전보건조정자를 100%

옹호하는 것은 아니지만, 안전의 주된 목적은 근로자의 생명을 보호하는 것이기에 다툼이 발생하는 일이 생긴 경우에는 세밀히 조사해서 불안전행동을 하는 사람은 특별안전교육장으로 불러들이거나, 정도가 심하면 퇴출하였다.

둘째, 안전수칙을 모두 지키며 진행했을 때 공기가 늘어나거나, 추가적인 공사비용이 들고, 작업하기 더 힘이 든다는 등의 이유로 불안전행동이 선택되는 경향이 있다. 물론 틀린 말은 아니며, 안전을 업무로 하는 사람이라면 가장 딜레마에 빠지기 쉬운 사례일 것이다.

7. 내 입장에서 프로젝트의 성공은 '무재해 준공'뿐이지만, 그렇다고 공기가 늘어나고, 공사대금이 늘어나는 등의 피해는 주고 싶지 않다. 하지만 그런 명분들을 입으로 내뱉으며 불안전행동을 하는 사람들 대부분은 나를 자극하려는 '회피형 근로자'일 뿐이다. 계속 지적하고 꾸짖거나, 아니면 포기해야 할 근로자들이 아니기에 '보상'이라는 조건을 걸고 관계를 이어 나갔다. 성공으로부터 수반하는 쾌감, 만족감, 성취감 등 심리적 전략을 위해 모범 직원에게 보상을 걸었다. 성공한 경우의 보상이 크면 사람은 자연스럽게 안전수칙을 습관화할 것임을 알기 때문이다. 솔루션은 어디에나 있는 것이다.

11 지적확인은 절대적으로 실시해야 한다

1. 앞 장에서 말했듯 '지적확인'을 하는 행동이 나중에는 잘 지켜지지 않는 룰이 되어버렸다. 하지만 지적확인을 하는 행위 자체가 현장에서 휴먼에러를 최소화 할 수 있는 최우선적 대안이므로 절대 포기할 수 없는 노릇이었다. 눈으로 보는 것은 때로는 애매할 때가 많고, 실제로도 그러할 때가 많다. 아무것도 하지 않거나, 지적하지 않거나, 호칭하지 않는 경우보다 오조작 발생률을 30% 이상 감소시키는 장점이 있다. 이에 실수하지 않기 위해서는 눈으로만 보지 말고, 손가락으로 가리키며, 지적확인을 하는 것이 꼭 필요하다.

2. 나는 지적확인 행위를 포기하지 않겠다고 마음을 단단히 굳혔다. 공사 초기 단계에 하나라도 빠뜨리지 않고 꼼꼼히 체계를 다지고 싶었기 때문이다. 사업장에서는 위험이 있다는 것을 눈으로는 쉽게 확인하지만, 그 위험에 대한 대처가 행동으로 이어지지 않는 경우가 왕왕 발생한다. 손을 이용한 지적확인이 끊임없이

이어진다면, 사업장에서의 불안전한 행동과 상태는 크게 줄 수 있다. 눈으로 현장의 현상과 현물을 보면서 손으로 가리키고, 입으로 "지.적.확.인!"이라고 큰 소리로 외치는 지적확인은 단번에 위험 요소를 파악할 수 있고, 안전한 행동으로 이어지게 만드는 효과가 있다고 확신한다. 위험 요소를 확인 후 손가락으로 "~좋아!" 하면서 지적하는 회사도 있다. 사업체마다 조금씩의 특색이 있지만, 그 취지는 동일하다. 근로자 간의 안전거리는 적당한지, 안전 보호구 착용 상태는 양호한지 등의 '인적확인'을 하고, 자재 등의 적치 방법, 천장 크레인 같은 중장비의 움직임 등을 파악하는 '물적확인'이 되는 행위이다.

3. 지적확인은 원래 일본 철도 운전사가 신호를 확인하는 동작에서 시작된 안전 동작이다. 일련의 작업의 흐름 속에서, 확인이 필요한 포인트에 접근하였을 때, 동작과 소리로 행동을 의식화하여 행동의 신뢰성을 높이는 것을 목표로 하는 활동이다.

4. 그렇다면 나는 어떻게 잘 지켜지지 않았던 지적확인 행위를 다시 살렸을까? 정답은 '서번트 리더십(Servant leadership)'이었다. 이 이론은 '다른 사람을 섬기는 사람이 리더가 될 수 있다'는 뜻을 갖고 있다. 부하직원에게 목표를 공유하고, 그들의 성장을 이끌면서 리더와 부하직원 간의 상호 신뢰를 형성시키고, 궁극적으로는 조직의 성과를 달성하게 만드는 리더십이다.

5. 인디언 추장에게 물었다. "당신에게 특권은 무엇입니까?" 많은 사람은 그의 입에서 '부인을 여러 명 거느리는 것이오'라고, 말하는 것을 기대했으나, 뜻밖의 대답을 듣게 되었다. 추장은 "전쟁이 일어났을 때 맨 앞에 설 수 있는 것이오!" 하고 말한 것이다. 리더는 바로 어려움에 닥쳤을 때 가장 선봉에 서서 도전하는 열정을 가진 사람인 것이다. 따라서 나는 도급사별 최상위 책임자부터 무조건 지적확인을 지시했고, 주변 근로자들의 에너지를 끌어낼 수 있는 환경을 만들어 주었다. 그러자 공사 말기까지 전체 근로자가 동참하는 지적확인으로 변모했다.

12 안전 체조는 단순히 몸만 푸는 운동이 아니다

1. 안전 체조는 육체적인 노동에 옮기기 전에 워밍업(warming up)을 하는 것이다. 급격한 변화를 피하고 무리를 방지하기 위해 꼭 필요하며, 또 치우친 근육을 사용하는 작업에 대해서는 휴식 시간에 근육을 푼다는 의미에서도 아주 유용하다. 그 외에도 중량물을 취급하는 작업에서는 작업 중에 일어나기 쉬운 요통을 예방하는데 유효한 방법이라고 전문가들은 말한다. 그리고 경직된 근육에 자극을 가하여 신체의 체온을 높이고, 신경전달 속도를 빠르게 함으로써 작업상 발생할 수 있는 재해 예방에 도움을 줄 수 있다. 그리고 몸을 유연하게 하여 작업의 효율성도 높인다.

2. 초기에는 작업 시작 전인 아침 8시에 대표 시공사의 컨테이너 앞에 모여 인원 파악을 한 뒤 목운동, 팔운동, 다리운동, 몸통운동, 등배운동을 여러 차례 반복하여 실시했다. 나중에는 체조 음악을 틀었고 체조를 진행하는 사회자를 위해 구령대까지 제작해서 비치해

주었다. 참여하는 직원들에게 물어보니 기분전환, 피로회복에도 도움이 된다고 하였다.

3. 안전 체조는 소탈하고 간단하게 실시할 수 있는 프로그램이라서 운영하기 편하다. 가장 좋은 장점은 운동하면서 근로자의 컨디션을 체크할 수 있다는 것이다. 당일 근로자의 건강 상태를 확인할 수 있는 탁월한 시간대가 바로 안전 체조를 하는 시간이었다.

13 TBM을 형식적으로 하면 안 한 것만 못하다

1. 오전 안전 체조가 끝나면 도급사별로 조를 이룬다. 작업장 투입 전, 또는 고위험 작업 전, 그리고 특별한 케이스의 작업이 있을 때, 관리 감독자가 주재하는 미팅(회의) 형태로 당일 작업에 수반하는 위험원(hazard)을 찾아내고 이에 대한 안전대책을 강구 후 실천한다. TBM 활동은 반드시 서면으로 기록 후 근로자의 참여 서명을 받아둔다. 나는 안전보건협의체 일원들과 매월 말일은 도급사별로 TBM 활동지를 살펴보면서 이행 여부 확인과 활동 조언을 남겼다.

2. TBM(Tool Box Meeting, 안전점검회의)이라는 용어는 원래 미국의 건설업에서 사용하는 말을 국내에 도입한 것인데, 직장에서 작업 전 작업자에게 그날의 일을 할당하여 순서나 마음의 준비를 가르치고, 지시 사항이나 연락 사항을 전달하는 등 작업장의 환경을 전반적으로 체크하는 프로그램이다. 아쉽게도 공사 현장에서 작성한 활동지를 살펴보니 매번 같은 내용으로 복사, 붙여넣기 하는 것을 알

수 있었다. 일방적인 흐름, 형식적인 행위는 절대 TBM의 목적을 버린 셈이다.

3. 나는 아래의 참고 내용과 같이 TBM의 목적을 정리하였고, 안전보건조정자와 함께 번갈아 각 도급사 TBM에 참여했다. 또한 활동에 참여하면서 목적과 유의점을 충분히 주지시켰다.

· TBM 활동의 주 목적

가) 당일 안전 작업계획을 철저하게 주지시키는 활동이다.

나) 당일 업무에 관한 지시 사항을 철저하게 하는 활동이다.

다) 위험원을 찾고 대책을 강구하는 등 위험예지를 행하는
   활동이다.

라) 관리 감독자와 소속 근로자 사이의 의사를 소통하는
   활동이다.

· TBM 활동의 유의점

가) 당일 작업계획을 추진할 때 관계 근로자가 이해하기 쉽도록
   흑판, 괘도, 도면 등을 사용하면서 설명한다.

나) 지시 사항을 철저히 이행할 수 있도록 배려하는 자세를
   만든다.

1) 작업자 개개인의 능력에 맞는 작업을 할당한다.

2) 지시 내용은 이해하기 쉽게 구체적으로 전달한다(5W1H).

안전병법

3) 관리 감독자 자신이 직접 할 수 있는 것은 지시하지 않는다.

4) 기존의 계획에 의해 지시한다.

다) 위험예지를 실시할 때 일방적이지 않은 대화를 구현한다.

1) 안전에 대해 근로자가 생각하게 해서 발언하게 한다.

2) 위험예지는 어떤 테마로 할 것인지 생각해 자료를 준비한다.

라) 관리 감독자와 근로자가 의사소통은 중요하다.

1) 위험예지를 하는 자리에서 의사소통 하도록 유의한다.

2) 관리 감독자는 근로자 전원으로부터 의견을 내놓도록 지도한다.

3. 최근 위험성평가와 연계되어 TBM 활동이 법정 안전교육 시간으로 인정된 만큼, 교육한 사실을 확인할 수 있는 일지는 매일 꼼꼼히 철하여 보관하도록 독려하였다. 다만 TBM을 운영하는 근로자에게 지나친 서류 작성 행위는 줄이자고 하는 등, 행정 업무를 간소화 하는 분위기를 조성하였다.

14 안전보건협의체 첫 회의 때 당부했던 말들

1. 우리의 목표는 오로지 '공사기간 무재해 유지'이다. 무재해 유지를 위해 다양한 안전 활동을 할 수 있다. 물론 실시하였다고 해서 눈에 띄게 성과가 올라가는 것은 아니다. 우리의 성과는 매일 눈으로 안전을 확인하는 것이다. 근로자가 안전하게 퇴근하는 모습을 보는 것이 우리의 성과이며, 사명감이다. 무리수를 둔 무재해를 강요해서 자칫하면 목표를 달성하기 위하여 재해를 은폐하지 않았으면 한다. 작은 사고라도 보고해서 큰 사고로 이어짐을 미연에 방지하는 것이 바람직하다.

2. 작업 전 TBM을 할 때 반드시 위험예지를 실시해야 한다. 다만, '~하지 마라' 식의 방법은 지양해야 한다. 예를 들어 고소 작업을 할 때는 '안전대 착용을 잊지 마라', '물건을 떨어뜨리지 마라' 등 위험 소재와 그 대처법이 단순한 방법으로 굳어지게 되면, 그것이 활동의 매너리즘화로 연결될 가능성이 높다. 즉, 현상과 행동의

결과만을 문제로 삼게 되면, 활동 내용의 획일화로 연결될 가능성이 높다. 따라서 불안전행동, 불안전상태가 왜 발생하였는지, 그리고 그 상황까지 이르기까지의 프로세스에 문제점이 없는지를 확인하는 습관을 길러야 한다.

3. 안전과 소통은 떼려야 뗄 수 없는 관계이다. 안전에 관한 행동 체크는 종종 상하관계 등의 요인에 의해 저해된다. 그러나 집단 내에서 커뮤니케이션이 좋아지면, 상호 간에 서로 체크해 줄 수 있는 분위기가 촉진된다. '간담회'나 '소통의 장' 등을 통해 참가자의 커뮤니케이션이 촉진되고, 그것이 현장의 분위기 향상, 안전한 현장으로 연결된다. 소통이 막히면 현장이 전반적으로 위험해지므로 관리자들이 현장 분위기를 잘 파악해서 커뮤니케이션이 조화로운 분위기를 만드는데 노력해야 한다.

4. '아차사고 보고활동'과 '안전제안제도'는 프로젝트가 끝날 때까지 유지해야 한다. '아차사고 보고활동'은 하인리히의 법칙에 기초하여 발생할 수 있는 경미한 사고 및 아차사고를 수집, 분석하고 그 대책을 강구하는 것을 통해 나중에 발생할 수 있는 중대 사고를 미연에 방지하려는 활동으로써, 사업장 안전활동의 기본이 되는 활동이다. 현장에서 카메라로 찍은 사진을 제시하고, 그곳에 잠재하고 있는 위험원을 찾아낸 후, 이에 대한 대처법을 매월 안전보건협의체 회의에서 공식적으로 공유할 수 있도록 해야 한다. '안전제안제도'는

일상 작업에서의 위험을 저감시키기 위한 개선안, 의견 등을 제안하는 제도이다. 아이디어가 잘 발굴되고 실현되면, 작업장의 안전성이 향상됨과 동시에, 근로자와 집단의 동기부여의 향상으로도 연결된다고 생각한다. 안전제안 참여 수준을 파악해서 도급사별 월 안전평가에 적극적으로 반영토록 했다. 활동을 도입한 초기에는 열심히 추진되지만, 시간 경과와 함께 열기가 약해지고, 활동이 매너리즘화 될 수 있으니, 프로그램을 보완하고 유지 관리하는 것도 능력임을 인지해야 한다. 유명무실한 활동이 되지 않도록 다 함께 노력해야 한다.

15 공사 현장에는 초보 작업자가 늘 존재하기 마련이다

1. 프로젝트에 투입된 근로자들은 행정사무직을 제외하고 현장에 투입된 기능공의 평균 연령대는 51세였다. 대부분 다른 프로젝트를 마치고 온 숙련된 근로자였지만 약 20% 내외로는 처음 업무를 경험하는 자였다. 정부의 '중대재해처벌법(중대재해 처벌 등에 관한 법률)'이 시행되어도 재해율이 낮아지는 수치(그래프)는 보이지 않고 있다. 업종별로 보면 건설업과 제조업이 가장 많다. 공사판에서 실제로 안전 지식과 기능이 미숙한 초보 작업자에 대해 실질적인 예방 대책과 안전관리 방안을 마련하지 않으면 절대 안 된다고 생각했다.

2. 초보 작업자는 자신이 수행해야 할 작업의 올바른 방법에 대한 충분한 지식이 부족한 상태에 있다. 이는 작업을 효율적이고 안전하게 수행하며, 질 높은 결과물을 도출하는 데 어려움을 겪는 주요 원인이 된다. 작업을 제대로 수행하기 위해 필요한 지식은 크게 두 가지로

나뉜다. 하나는 작업을 기술적으로 수행하기 위한 '기술적 지식'이고, 다른 하나는 작업 중 발생할 수 있는 위험 요소와 이를 방지하기 위한 '안전에 관한 지식'이다. 이 두 가지 지식은 원칙적으로 동일한 중요도를 가지고 조화롭게 활용되어야 하지만, 현실에서는 불균형이 나타나는 경우가 많다. 예를 들어, 작업 숙련도는 높지만 안전에 대한 지식이 부족한 작업자가 있는가 하면, 반대로 안전 이론에 대한 지식은 충분하지만 작업 기술이 미흡한 경우도 있다. 이러한 불균형은 건설업 등 위험도가 높은 업종에서 사고율 증가의 주요 원인으로 작용하고 있다.

3. 안전은 근로자의 생명을 보호하기 위한 가장 필수적인 활동이다. 활동이라는 이행력을 불어넣어 주기 위해서는 '안전교육'은 불가피한 도구라고 생각한다. 안전교육은 근로자의 생명과 건강을 보호하고, 작업 현장에서의 사고를 예방하기 위한 핵심 활동이다. 안전은 단순히 규칙을 준수하는 것이 아니라, 위험을 인식하고 이에 대응할 수 있는 역량을 키우는 과정인데, 안전교육을 통해서 이러한 역량을 체계적으로 개발하고 유지해 주는 것이다. 취업규칙, 산업안전보건법 등에서 안전교육을 의무화한 이유도 작업자들에게 부족한 안전 지식을 보완하고, 안전한 작업 방법과 절차를 준수하도록 유도하기 위함이다. 하지만 안전교육을 단순히 지식을 주입하는 방식에 그쳐서는 안 된다. 나는 안전교육을 받은 작업자들이 실제로 위험 요인을 스스로 식별하고 이를 해결하는 능력을 갖추고 있는지, 그리고

안전병법

그 능력이 실제로 향상되고 있는지를 꾸준히 모니터링했다.

4. 일반적으로 불안전 행동은 초보 작업자나 숙련도가 낮은 사람들 사이에서 자주 발생한다. 하지만, 작업 준비 과정에서의 실수나 작업 방법의 부적절함은 경험과 숙련도를 통해 점차 개선된다. 안전에 대한 인식과 행동 역시 경험과 위에서 말한 안전 교육을 통해 충분히 향상될 수 있다. 안전에 대한 지식이 작업 기술과 통합되고, 이를 바탕으로 작업이 수행될 때 비로소 안전하고 효율적인 작업이 이루어질 수 있다. 이는 근로자의 생명을 보호하고, 작업의 질을 높이는 데 핵심적인 요소가 된다.

5. 공사 초기에는 배관이나 철골을 위로 나르는 고위험 작업이 많았다. 대부분 중량물은 호이스트의 와이어로프에서 매달아 올리므로, 중량물 이동 중에 짐 흔들림이 발생할 위험이 있다. 숙련된 호이스트 조종자는 조작할 때 중량물 흔들림의 주기와 타이밍을 고려하면서 동작 속도를 조정하는 능력을 갖추고 있어서 흔들림에 의한 위험을 방지할 수 있지만, 중량물의 흔들림에 의한 위험을 의식하지 못하는, 즉 조작 기능이 미숙한 작업자는 그와 같은 운전을 할 수 없기 때문에 중량물의 흔들림이 더욱 커지게 되어 짐이 낙하하거나 와이어로프의 절단 사고로 이어지는 경우가 있다. 또한 슬링벨트나 유도로프의 조건, 작업자의 배치 방법 등에 대한 기본 지식이 없기 때문일 수도 있다.

6. 호스트 조작에 대해 숙련된 작업자에게만 안전모에 500원짜리 동전보다 조금 더 큰 동그란 '조종허가필증'을 붙여주었고, 필증 없는 작업자는 호이스트 리모컨을 만지지 못하게 했다. 안전보건공단에서 제공하는 '중대재해 알림'을 보면 이동식 크레인이나 호이스트 아래에서 작업자가 중량물에 깔려 사망사고가 나는 사례가 수시로 나타난다. 건설 현장의 모든 근로자에게 정기 교육을 진행하면, 초보 작업자는 보강 교육을 추가로 진행했다. 특히 기능 역할을 더할 수 있도록 용접, 그라인더, 고속절단기, 이동식 크레인 안전 등과 관련한 주제로 보강하였다. 초보 작업자들을 공사 중기쯤에는 숙련공으로 만들겠다는 목표였다.

16 민감한 안전규칙은 강압적일 필요가 있다

1. 초기에는 공사 현장에서 근로자들의 다툼이 발생하는 경우가 잦았다. 각자 프로젝트에서 처음 만나 일을 시작하다 보니 그 속에서 기싸움도 존재하며, 특히 공사의 감리 역할을 하는 '감리단'과 '시공 근로자들'과의 다툼이 빈번했다. 한번은 비계설치 과정을 '고위험 작업'으로 간주하여 감리단이 직접 모니터링하고, 작업 프로세스를 코칭해주었는데 비계팀은 직접적인 모니터링이 부담스럽다는 이유로 이를 거부하고, '작업중지권'을 행사하였다. 작업중지권을 행사할 수 있는 상황이 아님에도 불구하고 작업을 거부하였고, 감리단은 발주사(원청)의 감독 권한을 대행하는 조직이기에 본연의 역할을 충분히 하고 있다고 판단하여 해당 비계팀은 그날로 퇴출과 동시에 새로운 비계팀으로 교체해 버렸다.

2. 팀워크를 유지하고 관리하는 것 또한 '안전규칙'이라고 생각한다. '팀워크'라는 말은 스포츠를 비롯하여 많은 장면에서 사용하는데,

공사 현장에서는 동일한 프로젝트의 성공을 위해 일하고 있는 자가 연대의식을 가지고 전원이 사기와 안전의식이 가득 찬 상태에서 목표를 위해 단결력을 발휘하며, 일을 하는 상태를 말한다. 팀워크가 흐트러지면 안전사고는 물론이고 모든 면에서 좋은 결과를 얻을 수 없다. 불안정한 팀워크 속에서는 불안전한 행동이 생성된다. 더군다나 불안전한 행동을 만들어 내는 근로자 몇몇을 통해 전원의 안전 습관을 쓸모없도록 만드는 경우도 있다.

3. 나는 발주사와 감리단, 시공사 전체와의 단합을 수시로 강조했다. 팀워크 좋은 현장에서는 전원이 안전규칙을 집단 차원에서 받아들이고, 전체 근로자들은 서로 강하게 단결하고 협력하여, 이것을 이행하려는 분위기로 가득 차 있을 수밖에 없다. 근로자 각자가 동료를 동료로 의식하고 자신도 동료의 중요한 일원으로 자각하고 있기 때문에 동료에게 불안전행동이 있으면 기분 나쁘지 않게 서로 주의를 주는 방법을 알고 있다. 또한 불안전행동과 안전규칙 위반은 동료의 생명을 위험하게 하는 것으로 생각하기 때문에 자발적이며, 자율적으로 규칙을 준수하는 분위기가 형성된다. 팀워크를 저해하는 소수의 팀을 초기에 교체해 버린 사례는 공사의 마지막 준공일까지 단합에 대해 귀감이 되었다.

4. 프로젝트에 참여한 근로자들은 대부분 타지방에서 온 일용근로자로 구성되었는데, 골칫거리 문화가 하나 있었다. 바로

'음주문화'였다. 전날 마신 술이 몸에 남은 상태에서 작업하는 것은 안전을 확보하는 데 있어 심각한 문제가 된다. 작업과의 관계에서는 숙취 해소의 속도가 중요한데, 일정량 이상을 마시면 혈중 알코올이 사라질 때까지 상당 시간이 걸리고, 과음의 경우는 하루가 경과하지 않으면 혈중 알코올 농도가 해소되지 않는다. 고심 끝에 간헐적인 기준으로 작업장 투입 전 음주측정기로 음주검사를 했는데, 과다한 숙취가 있는 근로자는 작업장 투입을 막았다. 이후로 음주 분위기가 점차 낮아졌고, 전반적인 공사 환경이 안정적으로 조성되었다. 과한 숙취가 있는 상태에서는 작업장에 들어올 수 없다는 인식이 빠르게 전파되었기에 근로자들의 동참도 빠르게 확산이 된 사례였다.

17 '지시한 것은 반드시 지킬 것이다'는 생각은 착각이다

1. 안전에 대한 메시지를 공사 현장에 모여있는 많은 도급사를 상대로 전달하고자 할 때, 이 정도면 충분하다고 생각해서는 안 된다. 현장에 최적화된 안전수칙이 있으면 수개월에 걸쳐 온갖 종류의 회의 때마다 수없이 반복해서 강조하고 또 강조해야 한다. '100번 말해야 1번 알아듣는다'는 말이 있듯이 총괄 책임을 맡고 있는 사람은 신물이 날 지경에 이르기까지 전달해야 한다. 작업자들의 귀에 딱지가 앉을 정도로 강조해야 움직이는데, 피드백이 돌아오지 않는다고 해서 스트레스받을 필요도 없다고 생각하며 업무를 진행했다.

2. 작업자에게 '지시를 한 것은 반드시 지킬 것이다'는 생각은 잘못된 오판이다. 누구라도 원청이나 고객사, 상사로부터 받은 오더는 반드시 지켜야 한다고 생각하지만, 지시를 받은 것이 커뮤니케이션 문제, 작업 환경 등 여러 가지 원인에 의해 지켜지지 않는 경우가 대부분이다. 또한 작업 중 재해가 발생하였을 때, 상사가 '지난번

지시하였는데도 지켜지지 않아 사고가 났다'고 질책하는 것도 드물지 않다. 질책해서 뭐 하겠는가? 이미 사고는 났고 책임자는 그 사고에 책임져야 하는 상황이 중요한 것이다. 따라서 작업자에 대하여, 기본적인 안전수칙뿐만 아니라, 작업 방법, 건설 공기 관리 등 평상시 많은 지시를 하고 있지만, 지시하여도 모든 것이 지켜지는 것은 아니라는 점을 인식하고, 지시한 것을 모니터링하면서 실천하고 있는지를 작업 중에 확인할 필요가 있다.

3. 업무를 지시하는 책임자의 또 다른 착각 중의 하나가 필요한 사항에 대해서 '메일이나 문서를 통해 통지하면 실천력이 높아질 것이다'는 생각이다. 동종업계나 같은 그룹의 사업장에서는 재해가 발생하면, 책임자는 유사재해 방지 대책이 담긴 수평 전개 문서를 정리해서 발송하고 전파한다. 이 문서는 각 도급사에 배포되고 관리 감독자가 다시 모든 부서원에게 전파하고 교육하는 것이 일반적인 프로세스이다. 그런데 문서로 통지한 것을 읽어보기는커녕, 메일 확인을 하지 않는 경우나 책상 모퉁이에 던져놓는 경우도 많이 봤다.

4. 그렇다고 해서 전달 방법이 전혀 없는 것은 아니다. '문서로 통지하였으니까 작업자들이 충분히 숙지했겠다'는 생각은 하지 말고, 몸소 실천하고 있는지 확인하는 것이 바람직하다. 지시는 구체적이고 명확하게 전달해야 한다. 과도한 지시는 현장에 혼선만 생기니 한 번에 한 가지 행동에 초점을 맞추어야 한다. 지시에 대한 이행을

통해 얻을 수 있는 이익이나 긍정적인 결과 등 도움이 되는 모든 피드백을 제공해야 한다. 그럼에도 행동이 반복되지 않을 때 원인을 분석하고 지시 방식부터 개선해야 한다. 제일 중요한 것은 반복적으로 관찰하며 소통을 이어가는 것이다.

PART 2

건설공사 중기

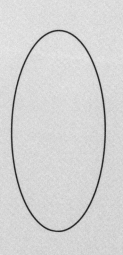

건설공사 중기(中期)는 높은 고도 작업, 중장비 운용, 화학물질 사용 등
다양한 작업이 동시에 존재하므로 근로자의 생명과 건강을 지킬 수 있는
모든 방법을 동원해야 하는 단계이다.

또한, 산업안전보건법 및 관련 규정을 정밀히 준수해야 하는 단계인데
이를 위반하면 사고는 물론이고, 벌금, 공사 중단, 이미지 손상 등
법적·재정적 제재를 받을 수 있기 때문이다. 따라서 공사의 효율적인
공정이 완벽하게 가능하게 만들어야 하는 단계가 바로 건설공사
중기단계이다.

01 건설안전의 체계가 잡혔을 때 소통에 귀를 기울여라

1. 공사 초기에는 '커뮤니케이션 체계'가 비교적 원활하게 작동하고 있다고 느꼈다. 도급사는 발주사의 지침에 따라 거버넌스를 신속히 이행했고, 보고와 전달 체계에도 큰 문제가 없었다. 그러나 공사가 중기로 접어들면서 현장에서는 업무 요령이 생기며 체계가 점차 소홀해지거나 무시되는 경향이 나타났다. 이러한 상황은 정밀한 분석과 개선 없이는 지속 가능하지 않다는 점을 깨달아야 했다.

2. 건설 현장에서의 안전 기술은 근로자의 생명을 보호하는 데 있어 가장 중요한 요소 중 하나이다. 하지만 안전 기술이 독립적으로 작동한다고 생각해서는 결코 안 된다. 기술은 집단의 의존도를 가지고 있으며, 집단 또한 기술에 의존한다. 특히, 안전기술 리스크(Risk)에는 사회적 의존성이 필연적으로 존재한다. 이러한 의존성을 고려할 때, 기술적 우려와 불안을 해소하기 위한 핵심 솔루션은 바로 커뮤니케이션이다. 나는 현장에서 확대되는 안전 기술과 작업

기술이 안전하게 사용되기 위해서는 적절한 커뮤니케이션이 반드시 뒷받침되어야 한다고 생각했다.

3. 커뮤니케이션은 단순히 정보를 전달하고 안심을 주는 도구에 그치지 않는다. 프로젝트에 함께 참여하는 안전담당자, 엔지니어, 관리감독자, 그리고 그 외의 모든 현장 근로자가 참여하는 실효성 높은 쌍방향 소통은, 기술과 집단의 관계를 보다 건강하고 바람직한 방향으로 발전시키는 프로세스이다. 건설 현장에서 필요한 커뮤니케이션은 단순한 설명 자료나 논쟁에서 이기기 위한 기술이 아니다. 대립적 구도가 아니라 협력적이고 열린 공동체 생태계를 조성하기 위해 인식을 공유하는 활동이 필수적이다.

4. 나는 공사 중기로 접어들면서 커뮤니케이션 혼선이나 갈등 상황이 발생하는 것은 충분히 예상할 수 있는 일이라고 생각했다. 이는 노동현장이 사람들로 이루어진 집단이기 때문에 감정, 오해, 그리고 조직 내 복잡한 관계로 인해 불편한 상황을 형성할 수 있기 때문이다. 하지만 이러한 문제를 절대 방치해서는 안 되기 때문에 속도를 내어 해결하고, 안전하고 재해 없는 작업 환경을 유지하려면 커뮤니케이션 활동을 꾸준히 보완해야 한다. 특히, 안전 기술 분야와 심리학 분야의 협력은 필수적이며, 프로젝트 기간 부정적인 감정선이 형성되지 않도록 노력해야 한다. 이를 위해 작업자 서로 간의 상호작용을 활성화하고, 열린 대화를 통해 협력을 증진하는

환경을 만드는 것이 중요하다. 실제로 나는 상호작용의 활성화를 위해 프로젝트 기간에는 작업자끼리 좋지 않은 감정선은 최대한 만들지 말자고 당부했다. 건설 현장에서의 커뮤니케이션은 단순한 정보 전달이 아니라, 기술과 사람 사이의 협력 관계를 조율하고, 안전과 효율성을 동시에 달성하기 위한 중요한 도구이다. 체계적인 커뮤니케이션과 열린 소통은 안전하고 성공적인 프로젝트를 위해 필수적이며, 이를 통해 기술적, 심리적 도전 과제를 효과적으로 극복할 수 있다.

02 공사 중기에는 위험성평가 난이도를 높여라

1. 건설안전의 체계가 잡힐 무렵이면 '형식적'으로 이행하는 프로그램이 생기기 마련이다. 더군다나 공사 초기에 심혈을 기울여 시작했던 프로그램일수록 쉽게 열정이 식을 경우가 크다. 상시로 작성하도록 기준을 잡은 위험성평가를 매주 관리 감독자에게 전달하여 컨펌을 받았으며, 관리 감독자는 매월 말 안전보건협의체에서 주요 위험성평가 항목을 브리핑하였다. 하지만 시간이 지날수록 평가 항목의 질은 낮아졌고 지난 자료를 재활용하는 케이스가 눈에 띄도록 잦아졌다.

2. 오래전 위험성평가 우수인정을 받은 경험이 여러 번 있었다. 대기업도 소단위 사업장으로 사업개시 번호가 별도로 되어있는 경우이면서, 사업장 단위로 상시근로자 '50인 미만'이면 인정신청이 되기 때문에 안전보건공단으로부터 컨설팅을 통해 충분히 체계를 보완 후 심사를 받았었다. 위험성평가서를 부지런히 작성하고 도출된

위험으로부터 개선하는 사례를 기록하는 것은 물론 중요하지만, 기업이 얼마나 체계적이고 다양한 안전 프로그램을 유지하고 있는 것 역시 중요했다. 많은 안전전문가들이 질 높은 위험성평가 활동이 사고 예방에 직접적인 영향을 미친다고 주장하였기에 나의 경험을 살려 수많은 도급사 관리 감독자에게 다시금 위험성평가를 교육했다.

3. '위험성'이란 어떤 기회에 사람에게 상해를 입히거나 건축물, 설비 등에 손상을 주는 원인이 되는 잠재적인 위험성이나 유해성을 말하는데, 이들 위험성을 사전에 평가하여 상해나 손상을 가져오지 않도록 예방하기 위한 활동을 말한다. 위험성평가 기법은 크게 나누어 위험 요소가 존재하는지를 확인하는 '정성적 평가기법'과 그러한 위험 요소를 확률적으로 분석·평가하는 '정량적 평가 기법'으로 분류할 수 있다.

· 위험성평가 기법의 세부항목

A. 정성적 분석기법

가) 체크리스트, 나) 안전성 검토, 다) 상대위험순위 결정,

라) 예비위험 분석, 마) 위험과 운전 분석, 바) 이상영향 분석,

사) 작업자 실수 분석, 아) 사고 예상 질문 분석, 자) 4M 위험성평가

B. 정량적 분석기법

가) 결함수 분석, 나) 사건수 분석, 다) 원인 결과 분석

4. 개인적으로 '4M 위험성평가'를 강조했다. 4M 위험성평가는 공사 현장 내에서 잠재하고 있는 유해 위험 요인을 'Machine(기계적)', 'Media(물질·환경적)', 'Man(인적)', 'Management(관리적)' 등 4가지 분야로 위험성을 파악하여 위험 제거 대책을 제시하는 방법을 말한다. 현장에서 예상되는 재해 발생 위험 요인을 효과적으로 찾아내어 사고 발생 가능성을 최소화하는 위험성평가 기법 및 적용 방법을 보다 쉽게 적용하는 데 있다. 잠재 위험요인이 사고로 발전할 수 있는 빈도와 피해 크기를 평가하고, 위험도가 허용될 수 있는 범위인지의 여부를 평가하는 일반적 위험성평가보다는 다양한 신분의 근로자가 근무하는 공사 현장에 관리자의 역할과 책임을 강조하기 위해서는 4M 위험성평가가 합리적이었다.

5. 4M 위험성평가를 진행하려면 우선 각 '4M 요소'에 대한 잠재적인 위험 요소를 식별해야 한다. 작업 현장을 관찰하고, 작업자의 경험을 바탕으로 사고나 문제를 파악하는 등 위험 요소를 정리한다. 이후 각 위험 요소의 발생 가능성과 위험의 심각도에 따른 결과를 평가하여 우선순위를 매긴다. 그다음 절차가 가장 중요한데, 위험성 제어를 위해 위험 요소를 줄이고 제거할 방법을 찾아내는 단계이다. 위험 요소 자체를 아예 제거하거나 대체할 수 있도록 사업장 환경에 최적화된 방법을 강구해야 한다. 위험을 완전하게 제거할 수 없다면 다른 방식으로 대체할 수 있어야 한다. 작업자에게 위험 정보를 제공하고 위험을 인식할 수 있도록 충분한 교육을 포함한다.

마지막으로 지속적인 모니터링과 피드백을 통해 위험 요소를 개선하고 제어 조치를 강화할 때 성공적인 위험성평가로 관리할 수 있다.

03 근로자의 안전 보호구 점검은 매일 이뤄져야 한다

1. 안전보건협의체 위원들과 현장 지도점검을 진행하면서 안전 보호구 관리 상태를 체크해 보았다. 안전 보호구는 작업자의 생명을 지키는 최우선적인 물질적 도구임에도 부족하거나, 재고관리를 잘못해 당일 발주를 하거나, 용도에 맞지 않게 오남용을 하는 경우도 있었다. 예를 들면, 그라인더 작업을 하는데 손에는 절연장갑을 끼고 작업을 하는 경우였다. 안전 보호구 관리가 잘 이루어지지 않는 이유는 여러 가지가 있을 수 있다. 작업 환경에서 안전 보호구는 사고를 예방하고 작업자의 생명을 보호하는 중요한 역할을 하지만, 그 관리가 제대로 이루어지지 않으면 사고나 부상을 초래할 수 있는데도 불구하고 안전 보호구 관리가 부실한 주요 원인은 '근로자의 낮은 의식 수준과 종합적인 관리 기준이 없어서'이다.

2. 일부 근로자나 관리자들은 안전 보호구 점검의 중요성을 충분히 인식하지 못하거나, 이를 부수적인 업무로 간주하는 경우가 많았다.

안전병법

종종 업무가 바쁘거나 일정에 쫓길 때, 안전 보호구 점검을 시간 낭비로 생각하고 건너뛰는 경우가 대부분 많았다. 나는 도급사별 관리 감독자 대상으로 보호구 지급대장에 '일일 점검 체크리스트'를 함께 운영할 수 있도록 제도를 만들었다. 더군다나 고소 작업이 많은 건설 현장에서 상태가 불량한 안전대를 착용해서 자칫 추락사고라도 나면 중대재해로 이어질 수 있기에 더욱 강조했었다. 보호구가 교체 주기가 지나 손상되었거나, 불량이라도 이를 제대로 교체하지 않고 계속 사용하는 경우가 적발되면 작업 중지를 내리고 특별안전교육을 이수할 수 있도록 했다. 보호구의 '재고 관리' 또한 중요한데, 필요한 보호구가 부족하거나, 보호구의 수급이 원활하지 않으면 점검해도 실제로 교체나 수리가 어려운 경우가 있다. 공급 문제로 인해 보호구 점검과 교체가 제대로 이루어지지 않는 상황이 발생할 수 있으므로 안전보건관리비의 탄력적인 운영 상황을 감안하여 보호구 종류별로 재고 기준을 정립했다.

3. 관리 감독자나 안전관리자가 보호구 점검에 대한 관심을 가지지 않거나 점검을 체계적으로 이행하지 않으면, 관리가 일관되게 이루어지지 않게 된다. 점검이 잘 이루어지지 않더라도 책임 소재를 명확히 하지 않으면, 누가 보호구 점검을 해야 하는지, 문제가 생겼을 때 누구에게 책임을 물을 것인지가 불명확해질 수 있기에 모든 도급사의 소장 이하 관리 감독자를 대상으로 책임을 부여했다. 안전 보호구 점검은 작업자의 생명과 안전을 보호하는 중요한 요소이기에

필수 점검 항목을 놓치지 않고 적극적인 참여를 유도하기 위해 매일 아침에 진행하도록 생활화시켰다.

> · 안전 보호구 점검항목(체크리스트)
>
> 가) 작업복 및 보호구 청결 상태, 나) 보호구의 비치 상태
>
> 다) 보호구의 적정 수량, 라) 보호구의 점검 및 정비 상태 체크
>
> 마) 소모성 보호구의 교환 및 부품의 준비 상태
>
> 바) 사용기준 명시의 상태, 사) 보호구 적정 보관 상태
>
> 아) 보호구의 관리 대장 상태, 자) 보호구 관리 책임자 선임 상태

4. 안전 보호구는 동시에 작업하는 근로자의 수 이상으로 준비하고 이를 착용하도록 교육하여야 한다. 또한 작업 환경에 적합하고 '올바른 보호구'를 착용해야 한다. 물체가 떨어지거나 날아올 위험 또는 근로자가 감전되거나 추락할 위험이 있는 환경에는 반드시 〈안전모〉를 착용한다. 관리 감독자 또는 안전관리자가 판단했을 때 추락할 위험이 있다고 판단되는 장소에서는 〈안전대〉를 착용하며, 물체의 낙하·충격, 물체에 끼임, 감전 또는 정전기의 대전(帶電)에 의한 위험이 있는 작업을 할 때 〈안전화〉를 착용한다. 물체가 날아 흩어질 위험이 있는 작업은 〈보안경〉을 착용하고, 용접시 불꽃 또는 물체가 날아 흩어질 위험이 있는 작업을 할 때 반드시 〈보안면〉을 착용한다. 그리고 감전 위험이 있는 작업 시 〈절연장갑〉을, 고열에 의한 화상 등의 위험이 있는 작업은 〈방열복〉을 착용해야 한다.

5. 근로자에게 보호구를 지급하거나 착용 지시를 할 때는 오래되어 변질되거나, 사용기한을 초과한 보호구를 지급해서는 안 된다. 또한 보호구 사용이 필요 없는 작업 환경이더라도 근로자가 유해 위험 작업으로부터 보호를 받을 수 있도록 설비개선 등 필요한 조치를 해야 한다. 한번은 공사 현장 바닥에 작은 환봉(철근)이 살짝 튀어나온 개소가 많았는데 근로자의 넘어짐 사고를 예방하기 위해 반나절을 할애하여 모두 발굴 후 제거해 버렸다.

6. 도급사 중 '감성안전'을 이행하는 업체가 있었다. 보호구의 청결 관리와 근로자의 안전의식 수준을 위해 작업 전 안전관리자가 깨끗한 보루를 들고 직원들의 보호구 하나하나를 소독하고 닦아서 지급하는 것을 보고 크게 칭찬을 해준 적이 있다. 보호구의 공동사용으로 인하여 근로자에게 질병 감염의 우려가 있는 때에는 감염을 예방하기 위한 충분한 조치를 한 사례이기도 했다.

· 감성안전의 정의

감성안전이란? 작업 환경이나 조직 내에서 개인의 정서적, 심리적 상태를 고려하여 안전한 분위기를 조성하는 개념이다. 전통적인 안전 개념이 물리적 사고를 방지하는 데 중점을 둔다면, 감성안전은 직원들의 감정, 스트레스, 불안 등 심리적 요소가 작업 효율성과 안전에 미치는 영향을 포괄적으로 다룬다. 신체적 안전뿐 아니라 정서적 안전을 통해 더 나은 성과와 만족을 도모하는 접근법이다. 감성안전은 단순한 트렌드를 넘어, 조직 내에서 사람

중심 문화를 조성하는 데 중요한 역할을 한다.

안전병법

04 모든 중장비는 안전작업계획서에 따라 사용되어야 한다

1. '안전작업계획서(Safety Work Plan)'는 작업을 시작하기 전에 예상되는 위험 요소를 미리 파악하고 이를 예방하거나 최소화하기 위한 계획을 수립하는 문서이다. 작업 환경과 작업 과정에서 발생할 수 있는 위험을 미리 식별하고, 이에 대한 대응 방법을 구체적으로 정리할 수 있는 도구나 마찬가지이며 이를 통해 작업 중 사고나 부상의 가능성을 줄일 수 있다. 공사 현장마다 명칭은 조금씩 다른데 '작업안전계획서', '안전작업허가서', '작업안전허가서' 등을 부르기도 한다. 산업안전보건법 기준으로 '안전작업계획서'가 맞다.

2. 많은 산업 현장에서는 법적으로 안전 작업을 위한 계획서 작성을 의무화하고 있다. 안전작업계획서를 작성하지 않으면 법적 책임이 따를 수 있다. 사고 발생 사업장에 출동한 사건 조사단과 근로감독관(사법경찰)이 가장 먼저 확인하는 서류가 바로 '안전작업계획서'인만큼 중요한 문서 중 하나로 꼽을 수 있다. 작성한 안전작업계획서를 참고하여 문제가 발생한 원인과 경과를 정확히

파악하고 조사할 수 있다. 또한 향후의 유사한 사고를 예방하고, 재발 방지 대책을 수립하는 데 유용하다. 사업장 입장에서는 만약에 비상 상황이 발생할 경우, 계획서에 작성된 절차에 따라 신속하게 대응할 수 있다. 또한 사고를 최소화하고, 피해를 줄이며, 작업 현장에서의 안전을 높이는 데 중요한 역할을 한다.

3. 나는 안전작업계획서를 철저히 작성하고 관리하는 과정에서, 건설 현장에 도입된 모든 중장비 사용에 대해서는 더욱 꼼꼼히 기록하도록 했다. 동력원에 의하여 특정되지 아닌 장소로 스스로 이동할 수 있는 지게차, 구내운반차, 화물자동차 등의 '차량계 하역운반기계 및 고소 작업대'를 사용하여 작업하는 때는 해당하는 작업 장소의 넓이 및 지형과 차량계 하역운반기계 등의 종류 및 능력, 화물의 종류 및 형상에 상응하는 '작업계획'을 충분히 작성하도록 하였다. 매일 오전 8시 15분은 안전작업계획서의 책임자 서명을 받는 시간이었는데, 기록이 불성실하거나, 조항을 빠뜨린 도급사는 다시 작성하는 한이 있어도 쉽게 허가 서명해 주지 않았다. 안전작업계획서 작성이 불성실한 도급사가 여러 번 발생할 경우에는 보완을 위해 특별안전교육을 진행하였다.

· 안전작업계획서 작성 시 주요 기록 사항

가) 작업명 및 작업 장소, 작업 기간(시작일 및 종료일)

나) 참여 인원(서명 포함) 및 역할

안전병법

다) 발생할 수 있는 잠재적 위험 요인 및 공정별 위험 요소

라) 위험 요소에 대한 예방 조치 방안

마) 비상 대책 및 응급 상황 대응 절차

바) 필요한 보호구 및 장비 목록(예: 헬멧, 안전화, 방진마스크 등)

사) 작업 순서에 따른 세부 절차 및 작업 시 주의사항

아) 사용 장비(제원 포함) 및 도구의 안전 사용법

자) 작업 환경 점검(점검 내용 환경 영향 최소화 방안)

차) 책임자 및 관리자 연락처, 응급 구조 및 의료기관 연락처

4. 관련법상 차량계 하역운반기계 등을 사용하여 작업할 때는 당해 작업의 지휘자를 지정하여 '작업계획'에 따라 지휘해야 하며, 고소 작업대의 경우에는 10미터 이상의 높이에서 사용되는 경우에 한해 이행한다고 명시되었지만, 모든 환경에 투입한 중장비 사용에 대해서 '작업계획'을 수립하도록 했다. 물론 근로자 입장에서는 힘겨웠을 수 있었지만, 무재해를 위해 충분히 감안해야 하는 행위이므로 최대한 독려했다. 중장비 사고는 중대재해로 이어진다. 안전작업계획서를 통해 작업 절차와 위험 관리 방안을 표준화함으로써 근로자가 동일한 기준으로 안전하게 작업을 진행할 수 있으며, 작업의 일관성과 안전성을 높이는 데 중요한 역할을 한다.

5. 종합적으로 볼 때, 안전작업계획서는 작업자의 생명과 건강을 보호하고, 조직의 안전 관리 체계를 강화한다. 법적 요구사항을

충족하는 중요한 문서이며, 이를 통해 사고를 예방하고, 안전한 작업
환경을 조성할 수 있다.

05 신호수의 작업 수준이 하역운반기계 사고를 막는다

1. 지게차, 구내 운반차, 화물자동차, 셔블로더, 포크로더, 스트레들 캐리어와 같은 기계는 주행 장치를 구비하고 있어서 산업안전보건법 기준으로 '차량계 하역운반기계' 등으로 정의하고 있다.

2. 다양한 종류의 건설 중장비 차량계를 공사 현장으로 들이기 전에는 작업 장소의 지형 및 지반 상태 등을 고려해서 제한속도를 정하는 것이 바람직하다. 물론 로더와 같이 기능상 속도를 낼 수 없는 하역운반기계라면 제외해도 무관하다. 나는 대부분의 프로젝트를 진행할 때는 15km로 최대 제한속도를 정하였고, 차량 통행로 곳곳에 표지판을 세웠다. 나중에는 속도위반 차량에 대해서는 특별안전교육을 진행했고, 3차례 이상 적발된 차량은 작업장 퇴출 및 출입금지를 조치하였다. 용역으로 진행된 차량에 대해서는 제한속도를 통해 관리를 하였고, 직영에서 직접 구입한 지게차와 같은 하역운반기계는 한대도 빠짐없이 10km를 초과하여 달릴 수

없도록 성능을 조절해서 입고하였다.

3. 공사 초기에 토목공사가 한창일 때는 차량계 하역운반기계가 작업을 함에 있어서 부동침하(不同沈下) 또는 갓길의 붕괴로 인해서 차량이 넘어지거나 굴러떨어짐으로써 근로자의 생명에 위험을 미칠 수 있는지 현상을 파악해야 하는데, 이는 공사 중기에도 마찬가지이다. 시간의 흐름, 계절의 변동으로 인해서 바닥 상태는 온전하지 않으며, 특히 차량계가 자주 드나드는 공사 바닥은 침하상태를 수시로 살피는 습관을 가져야 한다. 차량계를 움직일 수 있는 유도원, 즉 신호수에게 차량의 작업 신호는 물론이고, 차량이 통행하는 바닥 상태를 실시간 확인하게 만드는 것도 좋은 방법이다.

4. 위에서 말했듯이 차량계 하역운반기계는 신호수가 행하는 유도에 따라서 운행이 되어야 한다. 신호수를 배치한 때에는 일정한 신호 방법을 정하여 신호하도록 하여야 하며, 차량계 하역운반기계 등의 운전자는 그 신호에 따라야 한다. 사실 관련 법령에 따라 신호, 유도하는 사람을 정의하는 용어가 다르다. 「산업안전보건기준에 관한 규칙」에 근거하여 건설기계와 접촉, 충돌 등 위험으로부터 작업자 보호를 하는 역할을 하는 사람을 '유도원' 또는 '유도자'라고 부르는데, 건설기계로 인해 근로자가 위험해질 우려가 있는 장소에 출입, 작업해야 하는 경우 배치하게 되어있다. 또한 「건설기술진흥법」, 「도로교통법」에 따르면 공사장 주변 통행안전 확보와 교통 정리

시에는 '신호수'를 배치하게 되어있다. 공사장의 내, 외부 작업 시 보행자, 차량 통행 안전에 위험 요소가 있을 경우 역할을 하게 되어 있는데 크게 보면 '유도원'과 '신호수'는 정의가 매우 흡사하다. 건설 현장에서는 일반적으로 '신호수'로 총칭하여 통용하고 있다.

5. 공사 중 한번은 대다수 신호수들이 행하는 신호 방법(동작)이 도급사마다 다르고, 허술하다고 판단되어 도급사별 신호수를 대상으로 전체 집합 교육을 한 적이 있었다. 우선 신호수들의 복장 기준을 통일시켰으며, 당일 작업 현황을 우선 숙지 후 배치할 수 있도록 하였다. 신호 동작에 대해서는 일반적으로 표준 동작을 숙지하도록 했는데, 건설 현장 컨테이너 벽면에 부착하여 상시 암기할 수 있게 하였다. 위험 구간 및 위험 예상 포인트를 상시 공유할 수 있도록 온라인 커뮤니티 공간을 만들었으며, 신호수의 적절할 위치에 대해 설명해 주었다. 사실 신호수와 관련한 재해사례가 많은데 실제로 차량계에 치어 사망사고가 나는 대부분이 '신호수' 역할을 하는 근로자이다.

· 신호수 복장 및 건설기계 운전자 안전작업가이드(안전보건공단)

가) 신호수 전용 조끼(반사조끼 권장), 나) 신호봉(또는 신호 깃발),

다) 안전모, 라) 안전화, 마) 안전대, 바) 호각, 사) 무전기

6. 신호수에 대한 교육은 법령 내용에 등장하지는 않지만, 자체로 실시하는 교육에 있어서 신경 써서 진행하지 않으면 안 된다. 특히 강조하는 교육 내용 중 하나가 근로자 출입 금지이다. 「산업안전보건기준에 관한 규칙」에는 '차량계 하역운반기계 등을 사용하여 작업할 때는 하역 또는 운반 중인 화물이나 그 차량계 하역운반기계 등에 접촉되어 근로자에게 위험을 미칠 우려가 있는 장소에 근로자를 출입시켜서는 안 된다. 다만, 유도자를 배치하고 그 차량계 하역운반기계 등을 유도하는 때는 그러하지 아니한다'라고 명시되어 있지만, 내가 맡은 건설 현장에는 무조건 하역운반기계 주위에는 '근로자 출입금지'를 명령했다. 하역운반기계 관련 업무와 관계 없는 근로자가 접근 시 즉시 경고 조치를 하였다.

7. 백호나 쇼벨처럼 포크·버킷·암 또는 이들에 의하여 지지가 되어 있는 화물의 밑에는 더더욱 근로자 출입 금지에 신경써야 한다. 또한, 수리 또는 점검 등의 작업에 종사하는 근로자에게 '안전지주 또는 안전블록' 등을 사용하게 해야 하는데, 실제로 그것을 사용하면서 작업을 하는지 신호수가 직접 살펴보도록 임무를 주었다. 신호수도 일종의 안전관리자이다.

· 중장비 수리 및 점검 시 안전지주 또는 안전블록 사용 이유

가) 점검 중 중장비가 고정되지 않으면, 무게로 인해 붕괴, 전도, 혹은 작업자 부상을 초래할 수 있음. 따라서 기계나 장비의 움직임을 고정하여 작업 중

안전병법

장비의 예기치 않은 동작을 방지

나) 안전지주와 안전블록은 산업안전보건법에서 권장하거나 의무화된

장비로, 이를 사용하지 않으면 법적 책임이 발생할 수 있음

06 하역운반기계 취급 시 잘못된 관행들을 없애라

1. 「산업안전보건기준에 관한 규칙」 제183조에는 하역운반기계의 승차석 외의 탑승 제한을 명시하고 있다. '사업주는 차량계 하역운반기계(화물자동차를 제외한다)를 사용하여 작업하는 때는 승차석 외의 위치에 근로자를 탑승시켜서는 아니 된다. 다만, 근로자의 추락 등에 의한 위험을 방지하기 위한 조치를 한 때는 그러하지 아니하다'라고 하는데 사실 '다만'의 단서 조항을 아직도 이해하지 못하는 것은 사실이다.

2. 공사 중기에 내가 종사하는 현장이 아닌 바로 옆 단지도 공사가 한창이었다. 2차전지소재 기업들이 몰려있는 산업단지이며, 또한 전기 배터리가 붐인 세계적 현상이라 많은 대기업이 배터리 플랜트 공사에 몰입하던 시기였다. 이름만 대면 누구나 아는 국내에서 유명한 기업이었는데, 지게차 사고가 크게 났었다. 승차석이 아닌 위치에 근로자가 탑승했는데 코너를 돌면서 근로자가 낙상하는 바람에

뒷바퀴에 끼여 그 자리에서 바로 사망했다.

　3. 몇 년 전만 해도 지게차 포크 위에 사람이 올라타서 지상 위를 오른다든지, 중량물과 지게차 중량을 맞추기 위해 지게차 '카운터 웨이트(count weight, 뒤부분이 들리지 않도록 부착하는 무게추)' 위에 사람들이 올라타는 경우도 많았다. 앞서 말한 것처럼 승차석이 아닌 위치에 근로자가 탑승하고 이동하는 일은 당연시했었는데 '중대재해 알림'과 같은 정부에서 공유하는 소식지로 인해 지게차량의 안전수칙이 많이 준수되고 있는 것 같다.

07 하역운반기계 운전자가 반드시 지켜야 할 철칙들

1. 하역운반기계 운전자는 다양한 사고를 예방하고 안전한 작업 환경을 유지하기 위해 신중하고 책임감 있는 마음가짐이 필요하다. 나는 운전자가 가장 중요시해야 하는 원칙은 〈책임 공사〉가 아닌 〈안전 우선〉이라고 생각한다. 사람의 생명보다 더 중요한 것은 없기 때문이다. 운전자는 기계 운전 시 항상 주변 환경을 점검하고, 작업자와의 거리, 다른 기계와의 충돌 가능성을 염두에 두며 안전을 최우선으로 고려해야 한다. 하역운반기계는 고도의 집중과 숙련된 기술이 필요한 장비이므로 운전자는 기계를 정확하게 조작하여 하역 작업을 효율적으로 수행하고, 불필요한 사고를 예방해야 한다. 기계의 모든 기능을 이해하고 숙련도를 높이는 것이 중요하다.

2. 하역운반기계를 운전할 때, 주변에 사람이 있거나 다른 기계가 주, 정차 또는 작업을 하고 있을 수 있다. 운전자는 작업 전후로 주변을 꼼꼼히 살펴보고, 위험 요소를 미리 파악하여 사고를

안전병법

예방해야 한다. 운전자도 마찬가지로 안전모, 안전화, 반사 조끼 등은 기본적인 안전 장비를 착용함으로써 사고 발생 시 자신의 신체를 보호할 수 있어야 한다.

3. 하역운반기계의 상태가 항상 최상의 상태를 유지하도록 정기적인 점검과 유지보수가 필요하다. 운전자는 기계를 운전하기 전에 점검을 철저히 하고, 이상이 발견되면 즉시 보고하여 안전사고를 미연에 방지해야 한다. 하역운반기계를 발주한 책임자 역시 차량의 상태와 운전자의 상태(컨디션, 면허, 자격요건 등)를 확인해야 한다.

4. 운전자가 운전 위치를 이탈할 때는 포크 및 버킷 등의 하역 장치를 가장 '낮은 위치'에 두어야 하며, 원동기를 정지시키고 브레이크를 확실히 거는 등 갑작스러운 주행을 방지하기 위한 조치를 해야 한다. 차량계 하역운반기계를 이송하기 위하여 대형화물자동차에 싣거나 내리는 작업을 할 때 특히 조심해야 한다. 발판 또는 성토 등을 사용하는 때에는 전도, 전락에 의한 위험을 방지하기 위해 작업을 평탄하고 견고한 장소에서 해야 한다. 발판을 사용하는 때에 충분한 길이, 폭 및 강도를 가진 것을 사용하고 적당한 경사를 유지하기 위하여 견고하게 설치해야 한다. 가설대 등을 사용하는 때에는 충분한 폭 및 강도와 적당한 경사를 확보하는 것이 중요하다.

5. 차량계 하역운반기계를 화물의 적재·하역 등 주 용도 외의

용도로 사용하여서는 안 되지만, 근로자에게 위험을 미칠 우려가 없는 때는 융통성 있게 활용해도 상관없다. 현장에서 수리 등의 작업 시 작업의 지휘자, 감독자를 지정하여 '작업 순서'와 안전 지주, 안전 블럭 사용 등의 '안전조치'가 결정된 작업 계획에 의해 진행해야 한다.

08 지게차는 안전 장치가 있는 차량으로 사용하라

1. 지게차는 물건을 옮기거나 적재하는 데 매우 유용한 장비지만, 자칫 사고가 나면 중대재해로 이어지기 때문에 특별안전교육 시간이 되면 '지게차'를 가장 많은 주제로 교육했었다. 지게차는 보통 높은 무게를 들어올리기 때문에 운전자가 앞을 제대로 볼 수 없어 운전 중 시야를 차단하고, 장애물이나 사람을 보지 못하게 만들어 사고를 유발한다. 지게차에 실린 짐이 불안정하면 떨어지거나 넘어질 수 있으며, 좁은 공간에서 자주 운전하기 때문에 다른 장비나 사람들과 충돌할 가능성이 크다.

2. 건설 현장에서 시간 단위로 '용역 지게차'를 불러 사용했었다. 지게차를 운전하는 사람이 충분히 교육받지 않았거나, 경험이 부족한 경우 사고가 발생할 수 있기 때문에 경력이 많은 운전자로 선택하여 업무를 진행했다. 차량 중·전조등 및 후미등이 켜지지 않는 지게차는 건설 현장 출입을 막았으며, 작업을 안전하게 수행하기 위하여

필요한 조명이 확보된 장소에서 작업했다. 헤드가드(HeadGuard)와 백레스트(Backrest)는 의무 부착 사항이므로 확인 제외 대상이지만, 그 외 안전봉, 후방 카메라, 후진 경고음 등 안전 옵션이 부착되지 않은 지게차 역시 건설 현장 출입을 제한했다.

· 헤드가드 부착 기준

1) 운전자가 앉아서 조작하는 방식의 지게차에 있어서는 운전자 좌석의 상면에서 헤드가드의 상부틀의 하면까지의 높이가 1미터 이상일 것
2) 운전자가 서서 조작하는 방식의 지게차에 있어서는 운전석의 바닥면에서 헤드가드의 상부틀의 하면까지의 높이가 2미터 이상일 것

3. 지게차는 안전하게 운전하고 작업 수행을 위해 여러 가지 안전 옵션이 필요한데, 직영에서 직접 사용(운전)할 지게차를 구입할 때 반영했던 장치를 보면 다음과 같다. 우선 '전복방지장치(Rollover Protection System, ROPS)'는 전복 사고를 예방하는 중요한 장치로, 지게차가 전복될 경우 운전자가 보호될 수 있게 설계된 구조물이다. ROPS는 지게차의 운전실 상단에 설치되어 있으며, 운전자가 전복 사고를 당할 경우 보호할 수 있다. '차체 안정성 시스템(Stability Control)'은 지게차의 과도한 기울어짐을 방지하고, 안정적인 작업 환경을 만들어 준다. 들어 올릴 때의 무게 중심이나 하중 분포를 모니터링하여, 불안정한 상태에서 자동으로 경고하거나 속도를 제한할 수 있다. '적재 지침 및 경고 시스템(Load Warning Systems)'은

짐의 무게와 균형을 실시간으로 모니터링하여, 과도한 하중이나 불안정한 짐이 실릴 경우 경고를 하는데, 이를 통해 지게차의 전복이나 짐 낙하를 방지할 수 있다. 그 외 지게차 안전 옵션으로 '이상 감지 및 경고 시스템(Tilt&Load Monitoring)', '자동 브레이크 시스템(Automatic Braking System)' 등을 설치했다.

4. 참고로 지게차에 사용하는 '팔레트(pallet) 또는 스키드(skid)'는 적재하는 화물의 중량에 따른 충분한 강도를 가져야 하며 심한 손상·변형 또는 부식이 없어야 한다. 약간의 파손이 있더라도 사용하지 않는 것이 원칙이다.

09 화물을 싣고 내릴 때 주의 깊게 관찰하라

1. 플랜트 건설 현장은 많은 기계, 기구들을 가져와서 설치하는 일이 대부분이기 때문에 피견인차(트레일러) 및 화물차량과 같은 '하역운반기계'가 수시로 드나들 수밖에 없다. 다만 화물을 싣고 내리는 작업은 여러 가지 위험 요소가 있어 사고를 초래할 수 있으니 주의 깊게 관찰할 수밖에 없는 환경이었다. 대형 화물운반기계가 공사 현장에 도착하는 날이면, 안전보건조정자와 함께 차량에 붙어 하루 종일 관리감독을 하였다.

2. 하역운반기계와 직접 상호작용하는 작업자가 부주의하거나 안전장치 미착용 등으로 사고를 당할 수 있다. 기계에 끼이거나, 떨어지는 물체에 맞는 등의 사고가 있을 수 있다. 화물이 하역 중 떨어져 작업자나 주변 사람에게 상해를 입힐 수 있는데, 물품의 적재가 불안정하거나 고정이 제대로 되지 않으면 이러한 사고가 발생할 수 있다. 실제로 공사 중기에 타지역에서 이설한 연구시설물을

화물차량에서 내리다 떨어뜨려 큰 사고가 날뻔한 적이 있었다. 다행히 사람은 다치지 않았지만, 공장 바닥이 심하게 깨졌는데 그 연구시설물은 약 2톤가량이었다.

3. 하역운반기계에 화물을 내릴 때 중요하지만, 적재할 때 역시나 중요하다. 적재하는 때에는 '편하중'이 생기지 안도록 적재해야 하며, 운전자의 시야를 가리지 않도록 화물을 적재해야 한다. 화물의 붕괴 또는 낙하로 인한 근로자의 위험을 방지하기 위하여 화물에 로프를 거는 등 필요한 조치를 해야 한다. 또한 차량의 최대적재량을 초과하여서는 안 되며, 급하게 화물을 싣고 내리려고 하거나, 안전 점검 없이 작업을 시작하면 화물이나 지게차가 예기치 않게 움직여 사고가 발생할 위험이 커진다. 따라서 화물의 무게가 '100kg' 이상인 화물을 싣거나 내리는 작업을 하는 때는 작업 지휘자를 지정하여 작업 순서 및 그 순서마다의 작업 방법을 정해야 한다.

4. 바닥으로부터 화물 윗면과의 높이가 '2미터 이상'인 화물자동차에 짐을 싣거나 내리는 작업을 할 때는 추락에 의한 위험을 방지하기 위하여 근로자가 바닥과 적재함의 화물 윗면과의 사이를 안전하게 상승 또는 하강하기 위한 설비(승강기)가 설치된 차량에 한해서 작업을 진행하였다.

5. 지게차를 이용해서 화물을 내릴 때는 '로프확인'은 필수이다.

꼬임이 끊어진 것, 심하게 손상 또는 부식된 섬유로프(슬링벨트)는 절대 '짐걸이'로 사용해서는 안 된다. 나는 섬유로프의 손상 여부 확인이 잘되도록 양쪽으로 넓은 '로프걸이'를 직접 설치했다. 로프걸이에 로프를 걸어 두면 상태 확인이 매우 효율적이기 때문이다. 섬유로프 등을 짐걸이에 사용하는 때에는 작업 순서 및 작업 순서마다의 작업 방법을 결정하고 작업을 직접 지휘해야 한다. 기구 및 공구를 점검하고 이상이 발견되거나 불량품은 과감히 제거한다. 작업 장소에는 관계 근로자 외의 출입을 금지시키고, 로프 풀기 작업 및 덮개를 벗기는 작업을 행할 때는 적재함의 화물에 낙하 위험이 없음을 확인한 후에 진행한다.

6. 화물자동차에서 화물을 내리는 작업을 하는 때에는 하적단의 중간에서 화물을 빼내도록 해서는 절대 안됨을 교육시켜야 한다. '중대재해 알림'을 통해 화물자동차 위에서 추락해 사망하는 사고가 수시로 발생하고 있음을 알리고 있다. 바닥으로부터 화물 윗면과의 높이가 2미터 이상인 차량에서 작업하는 근로자는 안전모를 착용하게 하여야 한다. 2미터 이상의 높이는 중력 가속도로 인해 추락이나 낙하물 사고 시 치명적인 머리 부상을 입을 가능성이 높기 때문이다.

10 운전자의 운전위치를 이탈하는 때 수칙을 숙지시켜라

1. 굴착기와 같은 차량계 건설기계의 장비를 운전자가 '이탈'할 때 조심해야 하는 이유는 수없이 많다. 특히 장비를 이탈했을 때 기계가 완전히 정지되지 않거나 브레이크가 제대로 작동하지 않으면 장비가 갑자기 움직여 사고를 초래할 수 있으며, 경사면이나 불안정한 지면에서는 장비가 이동하여 사람이나 주변 시설에 피해를 줄 가능성이 크기 때문이다. 내가 특히 고민했던 것은 운전자가 장비를 제대로 정지하지 않고 이탈하면 다른 작업자들이 기계를 임의로 작동시켜 사고 가능성이 커질 수 있는데, 이탈 시 차량에 작동키가 꽂혀있는 업체는 경고를 주거나 특별안전교육대상으로 지정했다.

2. 산업안전보건법 등에 따라 '운전자 이탈 시 장비를 적절히 정지하고 안전 상태를 유지해야 한다'는 규정을 위반하는 경우 처벌을 받을 수 있다.

· 운전자의 안전한 이탈을 위한 주요 수칙

가) 기계를 완전히 정지시키고, 브레이크를 확실히 작동시킨다.

나) 작업 도중이 아닌 지정된 안전 구역에서만 이탈한다.

다) 장비의 시동을 끄고, 키를 제거한다.

라) 이탈 전에 주변 환경을 확인해 사고를 예방한다.

이와 같은 조치를 통해 작업자의 안전과 공사 현장의 작업 환경의 질서를

유지할 수 있다.

3. 차량계 건설기계를 사용하여 작업을 하는 때에는 운전 중인 기계에 접촉되어 근로자에게 위험을 미칠 우려가 있는 장소에 근로자를 출입시켜서는 안 된다. 암묵적으로 10m 반경의 접근금지 조치 기준이 있었지만, 신호수를 배치 후 작업 인근에 아무도 접근하지 못하도록 교육했다. '중대재해 알림'을 통해 국내에서 지게차, 굴착기, 덤프트럭 등 공사 현장의 근로자와 접촉하여 사망한 사고가 실시간으로 발생하던 시기라서 더욱 근로자 출입에 민감하게 반응했다.

4. 신호수가 붙지 않은 차량계 건설기계는 절대 운행할 수 없도록 분위기를 조성시켰으며, 규정에 맞는 복장과 일정한 신호 방법을 숙지시켜 신호하도록 하였다. 운전자가 작업 중 운전 위치를 이탈하는 때는 버킷, 디퍼 등 작업 장치를 지면에 내려두어야 했으며, 원동기를

정지시키고 브레이크를 거는 등 이탈 방지를 위한 조치 후 작동키를 들고 나가야 한다.

5. 하역운반기계는 크고 무거운 장비로, 움직임 하나만으로도 큰 피해를 줄 수 있기 때문에 관찰에 집중할 수밖에 없다. 운전자가 이탈 시 장비를 올바르게 정지하는 것까지 확인해야 하는데, 부적절한 상태로 정지하게 되면 엔진 과열, 유압 시스템 손상 등 기계 고장이 발생할 수가 있다. 운전자가 이탈한 상태에서 주변 근로자가 장비 근처에 있으면 충돌, 끼임, 전도와 같은 사고로 이어지므로 운전자와 신호수에게는 안전교육이 각별하다는 것을 알아야 한다.

11 차량계 안전기계의 안전도를 준수하라

1. 건설 현장은 좁은 공간, 경사진 지형, 여러 작업자와 장비가 혼재된 환경 등으로 위험 요소가 많아, 기계의 '안전도'를 숙지하지 않으면 사고 가능성이 증가한다. 가끔 현장에서 마주치는 운전자에게 조작하는 기계의 제원을 묻기도 했는데, 정확히 인지하지 못한 상태에서 조작하는 운전자가 대부분이었다. 건설기계마다 작업 부하 한계, 안정성 조건, 적재 능력 등이 다르다. 이를 숙지하지 못해 기계를 잘못 사용하면 과도한 적재로 인한 전도 위험, 유압장치 과부하로 인한 고장 등의 사고가 발생할 수 있기 때문에 관리 감독자에게 운전자들로부터 제원과 안전도 습득에 시간을 할애하기를 당부했다.

2. 기계의 안전도를 숙지의 가장 큰 취지는 사전에 기계의 고장 징후를 파악하고 적절한 점검과 정비를 수행할 수 있어 안전성을 높일 수 있다는 것이다. 또한 기계 오작동이나 안전조치 미숙으로 인해 작업자가 부상을 입거나, 사망하는 사고가 발생할 수 있는데

안전도를 숙지하면 이러한 위험을 최소화할 수 있다. 안전도 미숙에 따라 건설기계가 작업 중 넘어지거나 미끄러지면서 주변 근로자와 시설물에 큰 피해를 주는 사례가 적지 않다. 그리고 운전자가 장비의 안전성과 사용법 숙지를 위반할 경우 법적 책임이 따르게 된다. 안전도를 철저히 숙지하고 이를 준수했다면 사고가 발생해도 책임이 경감될 가능성도 물론 존재한다.

3. 안전도를 잘 이해하고 기계를 적절히 운전하면, 작업 효율이 높아지고 불필요한 기계 손상이 줄어든다. 건설기계가 넘어지거나 붕괴될 위험 또는 붐(boom), 암 등 작업장치가 파괴되는 현상은 대부분 해당 기계에 대한 구조 및 사용상의 '안전도', '최대사용하중'을 모르고 사용했기 때문이다. 두 가지는 무조건 준수하여야 한다. 차량계 건설기계를 주 용도 외의 용도로 사용해서 안 되는 것은 기본이며, 붐 등의 강하에 의한 사고 위험의 방지를 위해서 차량계 건설기계의 붐, 암 등을 올리고 그 밑에서 수리, 점검작업을 할 때는 붐, 암 등이 갑자기 하강함을 방지하기 위해 안전 지주 또는 안전 블록 등을 무조건 사용하게 해야 한다.

4. 운전자가 안전도를 충분히 이해하고 있어도, 공사 금액을 아끼려는 도급사 사업주의 만행으로 작업에 적절하지 못한 장비를 들인 경우가 있었다. 벽체 도장 작업을 위해 장비를 불렀는데, 붐대가 작업장 높이에 비해 짧은 스카이 차량을 부른 사례가 적발되었다.

짧은 붐대로 인해 작업자가 무리한 자세로 작업하거나, 붐대 끝에서 과도하게 몸을 내밀게 될 수 있어 균형을 잃고, 작업대에서 추락할 위험이 커질 수 있다. 작업자가 도달하지 못하는 높이나 위치에서 임시 발판을 사용하거나, 작업대를 규정 외로 조작하는 경우가 있기 때문이다. 붐대가 짧아 필요한 위치에 도달하기 위해 기계를 경사면이나 불안정한 지형에 배치하는 경우, 기계의 중심이 불안정해져 전도 위험이 증가하므로 공사 현장에 최적화된 기계를 도입하는 것이 중요하다.

12 크레인은 작은 실수라도 심각한 사고로 이어질 수 있다

1. 건설 현장에서는 하루도 빠짐없이 '크레인(Crane)'을 사용한다. 크레인 사용이 위험한 이유는 크레인이 '고중량'의 물체를 이동시키는 고위험 장비로, 사용 중 다양한 요인에 의해 사고가 발생할 가능성이 있기 때문이다. 크레인은 수십에서 수백 톤에 달하는 하중을 들어 올리거나 이동시키기 때문에, 작은 실수라도 심각한 사고로 이어질 수 있으므로 각별히 주의해야 한다.

2. 크레인 교육을 할 때 '크레인'과 '호이스트(Hoist)'의 차이점을 질문하는 근로자가 많이 있었다. 크레인과 호이스트는 모두 무거운 하중을 들어 올리거나 이동시키는 데 사용되는 장비지만, 구조와 사용 목적에서 몇 가지 차이점이 있다.

3. 크레인은 붐, 기둥, 트롤리, 윈치 등의 부품으로 구성된 장비로, 큰 작업 범위를 가질 수 있도록 설계되었고, 하중을 수직으로 들어 올리고, 수평으로 이동시킬 수 있는 등 작업 범위가 넓으며, 이동성과

회전 기능이 있어 다양한 작업 위치에서 활용이 가능하다. 대규모 중량물(수십 톤~수백 톤)을 처리할 수 있으며 복잡한 작업 환경에서도 안정적으로 작동할 수 있는 장점이 있다.

4. 호이스트는 주로 로프 또는 체인과 모터로 구성된 장치로, 크레인이나 다른 고정된 레일이나 지지대, 구조물에 장착되어 있다. 하중을 수직으로 들어 올리고 내리는 것이 주목적이며 수평 이동은 제한이 따른다. 비교적 소규모 화물(수백 kg~수십 톤)을 처리할 수 있으며, 간단한 작업이나 제한된 공간에서 효율적으로 사용이 가능하다. 크레인은 더 복잡하고 대규모 작업에 적합하며, 호이스트는 단순하고 소규모 작업에 적합하다고 보면 된다.

· 크레인과 호이스트의 차이점

항목	크레인	호이스트
기능	수직및 수평 이동 가능	수직 이동 중심, 수평 이동 제한적
구조	독립된 대형 장비	고정식 소형 장치, 크레인 부속으로 사용 가능
작업 범위	넓고 이동성 높음	고정된 위치에서 사용
처리 능력	대형(수십~수백 톤) 처리 가능	중소형 하중(수백kg~수십 톤) 처리
용도	건설, 조선, 물류 등 대규모 작업	창고, 공장 등 중소규모 작업

5. 크레인의 주행로 상측 및 트롤리가 횡행하는 레일 상태, 와이어 로프가 통과하는 곳의 상태, 부하방지장치,

권과방지장치, 비상정지장치 및 브레이크장치 등 방호장치는 매월 안전보건협의체에서 1회 이상 점검을 했다. 권과방지장치는 혹·버킷 등 달기구의 윗면(그 달기구에 권상용 도르래가 설치된 경우에는 권상용 도르래의 윗면)이 드럼, 상부도르래, 트롤리프레임 등 권상장치의 아랫 면과 접촉할 우려가 있는 때는 그 간격이 0.25미터 이상(직동식 권과방지장치는 0.05미터 이상)이 되도록 조정하여야 한다.

6. '슬링벨트'는 매일 작업 전 상태를 체크하고 작업할 수 있도록 하였다. 슬링벨트가 찢어지거나, 올이 풀려있거나, 구멍, 균열, 마모가 있는지 확인하고, 섬유 재질 슬링벨트의 경우, 변색이나 열로 인한 손상이 없는지 확인해야 한다. 또한 기름, 화학 물질, 먼지 등으로 오염되었다면 사용 전 세척하거나 교체해야 한다. 벨트에 부착된 금속 부품(고리, 버클 등)이 변형되거나 녹슬었을 경우에도 교체해야 한다.

7. '권과방지장치'가 없는 크레인에 대해서는 권상용 와이어로프에 위험 표시를 하고 경보장치를 설치하는 등 권상용 와이어로프의 권과에 의한 사고 위험을 방지하기 위한 조치를 해야 한다. 하지만 내가 맡은 프로젝트에서는 권과방지장치가 고장이 났거나, 달려있지 않는 크레인은 사용을 금지하였다. 후크(Hook)로부터 벗겨지는 것을 방지하기 위한 후크해지장치 또한 마찬가지로 고장이 났거나, 달려있지 않는 크레인은 사용을 금지하였다.

8. 유압(流壓)을 동력으로 사용하는 크레인의 과도한 압력상승을 방지하기 위한 안전밸브에 대해서는 정격하중(기관실에서 나온 지브 끝에 달린 갈고리나 버킷으로 짐을 올리고 내리거나 토사의 준설 따위를 하는 지브크레인(Jib Crane)에 있어서는 최대의 정격하중)에 상당하는 하중을 건 때의 유압에 상당하는 압력 이하로 작동되도록 조정해야 한다.

13 크레인별 특성에 맞는 안전수칙을 수립하라

1. 산업안전보건법 및 건설기계관리법에 따라 '조종석 크레인'을 운전하려면 국가기술자격증(크레인 운전기능사 등)을 반드시 소지해야 한다. 자격이 없는 사람이 운전하면 법적 처벌을 받을 수 있으므로 도급사별 관리 감독자가 무조건 운전자의 면허를 확인하게끔 했다. 자격이 없는 작업자를 투입한 책임자 역시 법적 책임을 지게 되는데, 이는 안전관리 의무 위반으로 간주하여 벌금 또는 작업 중지 명령이 내려질 수 있다. 또한 자격 미소지자가 운전 중에 발생한 사고는 대부분 보험에서 보상받을 수 없으며 기업과 작업자가 직접 손해를 부담해야 한다.

2. 조종석이 설치되지 않은 크레인에 대해서는 크레인의 제작 기준과 안전기준에 적합한 무선원격제어기 또는 펜던트스위치를 설치하고 사용해야 한다. 물론 무선원격제어기 또는 펜던트스위치를 취급하는 작업자에게는 작업 요령, 안전 수칙 등 조작에 관한 사항을

교육한 후에 작업할 수 있도록 해야 한다.

3. 크레인에 그 정격하중을 초과하는 하중을 걸어서 사용하게 해서는 안 되지만, 현장에서 정격하중을 초과하는 하중을 걸어서 테스트를 실시한 때에는 그 결과를 기록하고 담당 부서는 3년간 보존하여야 한다. '지브크레인'이 경우 크레인 명세서에 기재되어 있는 지브의 경사각(인양하중이 3톤 미만인 지브크레인에 있어서는 이를 제조한 자가 지정한 지브의 경사각)의 범위를 넘어서 사용해서는 안된다. 지브의 경사각이 권장 범위를 벗어나면 하중의 무게 중심이 이동하여 크레인이 전도될 가능성이 높아진다. 경사각 초과로 인해 지브(붐)와 연결 부위에 과도한 하중이 가해질 경우, 금속 피로로 인해 균열 또는 파손이 발생하기 때문이다. 또한, 경사각이 너무 작아지면(수평에 가까울 경우), 하중이 크레인 외부로 더 멀리 배치되어 전도 위험이 커진다.

4. 건설 현장에서 이런 일은 없겠지만, 크레인에 작업자가 매달리거나 작업자를 달아 올린 상태에서 작업에 종사시켜서는 안 된다. 다만, 작업의 성질상 부득이한 경우 또는 안전한 작업 수행상 필요한 경우로서 크레인의 달기구에 전용 탑승 설비를 설치하여 그 탑승 설비에 근로자를 탑승시키는 때에는 허용하기도 한다. 또한 크레인에 매달려있다고 표현하기보다는, 건설 현장에 컨테이너 설치 및 해체 작업할 때 상부에서 올라가 작업을 할 경우 크레인에

안전고리를 걸고 추락방지를 한 상태에서 작업을 한 적도 있었다. 나는 이 조건은 허용했다.

5. 크레인 탑승 설비에 대해서는 추락에 의한 근로자의 위험을 방지하기 위하여 각별한 조치를 해야 하는데 탑승 설비가 뒤집히거나 떨어지지 안도록 주기적인 점검이 필요하다. 탑승 설비는 고소에 위치하므로 안전고리를 걸 수 있도록 안전바 및 구명줄을 설치하고, 안전난간의 설치가 가능한 구조인 경우 안전난간을 필히 설치한다. 탑승 설비를 하강시킬 때는 동력하강방법에 의해야 한다.

6. '케이블크레인'을 사용하여 작업할 때는 권상용 와이어로프 또는 횡행(横行)용 와이어로프가 통해 있는 도르래 또는 그 부착부의 파손에 의하여 그 와이어로프가 튀거나, 도르래 또는 부착부가 떨어져 나감으로써 중대한 사고가 충분히 발생할 수 있다. 따라서 사고 위험을 방지하기 위하여 그 와이어로프의 내각 측으로부터 위험을 발생시킬 우려가 있는 장소에 작업자 출입을 통제해야 한다. 인양전자석 부착 크레인을 사용하여 작업할 경우에는 달아올려진 화물의 아래쪽에 작업자가 이동해서는 안 된다. 중량물 하부에 작업자가 있거나, 이동하는 상황이 적발될 경우 그 작업자를 포함한 신호수, 운전자, 관리 감독자 모두 경고를 주고 특별안전교육 대상이 되었다.

7. 동일한 주행로에 병렬 설치되어 있는 주행크레인의 수리, 조정 및 점검 등의 작업을 할 때, 그리고 주행로 상이나 기타 주행크레인이 작업자에 접촉함으로써 작업자에게 위험을 미칠 우려가 있는 장소에서 작업할 때는 작업 환경을 관찰을 할 수 있는 관리 감독자를 두어야 하며, 주행로 상에 스토퍼를 설치하는 등 주행크레인끼리 충돌하거나 주행크레인이 작업자에 접촉함으로써 발생하는 사고를 방지하기 위해 안전조치를 해야 한다.

8. 옥외에 설치되어 있는 주행크레인은 안전상 더욱 위험이 따르는 기계라고 할 수 있다. 작업 구역을 안전 펜스나 경고 표지판으로 표시하여 작업자의 접근을 통제해야 한다. 옥외에서 작업하기 때문에 안전 점검을 더욱 강화해야 하는데, 크레인의 브레이크, 와이어 로프, 훅, 스위치, 윤활 상태 확인은 작업 전 매일 이뤄져야 한다. 특히 강풍, 비, 눈 등 악천후 시 크레인 작업을 중단해야 하며, 순간풍속이 매초당 '30미터'를 초과하는 바람이 불어올 우려가 있는 때는 크레인에 대하여 이탈방지장치를 작동시키는 등의 안전조치를 해야 한다. 또한 바람이 불어온 후 또는 중진 이상 진도의 지진 후에 크레인을 사용하여 작업을 하는 때에는 미리 그 크레인의 각 부위의 이상유무를 정밀하게 점검해야 한다.

14 크레인 설치 및 해체, 점검 수리 시 법적 요구사항들

1. 크레인의 설치, 조립, 수리, 점검 또는 해체 작업은 고도의 주의와 전문성을 요구하는 작업이다. 잘못된 설치나 조립으로 인해 크레인이 올바르게 작동하지 않거나 과도한 하중으로 손상될 수 있음은 물론이고, 설치나 해체 작업 중 부품이나 장비가 떨어질 가능성이 있어 작업자 및 주변 사람들에게 심각한 위험을 초래할 수 있다. 점검 수리 중에 크레인의 구조적 안정성이 저하되면 작업자 추락사고가 발생하거나 붕괴 사고로 이어질 수 있어서 주의가 필요하다.

2. 크레인의 설치 및 해체 작업, 점검 수리하는 때에는 다음과 같은 절차를 지켜야 한다. 우선 작업 순서를 정하고 그 순서에 의하여 작업을 실시한다. 옥외의 경우 작업 중 비 또는 눈 그 밖의 기상 상태의 불안정으로 인하여 날씨가 몹시 나쁠 때는 작업을 중지한다. 작업 장소는 안전한 작업이 이루어질 수 있도록 충분한 공간을 확보하고 작업에 장애가 될 수 있는 장애물 등이 없도록 해야 한다. 들어 올리거나 내리는 기자재는 균형을 유지하면서 작업을 실시하며,

크레인의 능력, 사용조건 등에 따라 충분한 응력을 갖는 구조로 기초를 설치하고 침하 등이 일어나지 않도록 주의한다. 마지막으로 규격품인 조립용 볼트를 사용하고 대칭되는 곳을 순차적으로 결합하고 분해한다.

3. 크레인을 사용하는 작업을 할 때는 작업장에 배치된 안전담당자의 역할이 중요한데, 반드시 이행해야 하는 사항을 준수해야 한다. 첫째, 작업 방법과 근로자의 배치를 결정하고 당해 작업을 지휘하는 일, 둘째, 재료의 결함유무 또는 기구 및 공구의 기능을 점검하고 불량품을 제거하는 일, 셋째, 작업 중 안전대와 안전모의 착용 상황을 감시하는 일은 꼭 이행한다.

4. 주행크레인 또는 선회크레인과 건설물 또는 설비와의 사이에 통로를 설치할 때는 그 폭을 '0.6미터' 이상으로 한다. 다만, 그 통로 중 건설물의 기둥에 접촉하는 부분에 대하여는 0.4미터 이상으로 할 수 있다. 통로 또는 주행궤도상에서 정비·보수·점검 등의 작업할 때는 반드시 크레인의 운전을 정지시키고 에너지원을 차단(ILS) 후 진행한다.

크레인 취급 시 추락사고에 취약하므로 크레인의 운전실 또는 운전대를 통하는 통로의 끝과 건설물 등의 벽체와의 간격, 크레인거더의 통로의 끝과 크레인거더와의 간격, 크레인거더의 통로로 통하는 통로의 끝과 건설물 등의 벽체와의 간격, 이 세 가지는 간격은 '0.3미터' 이하로 준수해야 한다.

15 크레인 작업 시 사고예방을 위한 주요 사항들

1. 플랜트 건설 기간 대한민국 건설 현장에서 전체 중대재해 사고 중 약 20%가 '크레인'과 관련한 사고였다. 대부분 사망 사고로 이어졌으며, 이는 고중량 물체 취급이나 높은 곳에서 작업하는 특성 때문이다. '중대재해 알림'으로 전파된 사고들의 주요 원인으로는 안전 수칙 및 작업 방법 미준수와 줄걸이 방법 및 신호 미숙이 많았다. 특히 작업자가 줄걸이 과정에서 신호를 제대로 이해하지 못하거나, 안전장치가 불완전한 경우에 발생했다.

2. 크레인 취급자에게 진행한 정기 안전교육 내용을 상기시켜 보면 대부분 패턴 형식의 중점사항이 많았다. 많은 노력을 요하거나, 숙지하기 어려운 부분이 없기 때문에 교육에 참석한 근로자들에게 작업 시 조치 사항에 대한 내용을 반복 교육했다.

안전병법

· 크레인 작업 시 조치 사항

가) 인양할 화물을 바닥에서 끌어당기거나 밀어 작업하지 아니할 것

나) 유류드럼이나 가스통 등 운반 도중에 떨어져 폭발하거나 누출될 가능성이 있는 위험물 용기는 보관함(또는 보관고)에 담아 안전하게 매달아 운반할 것

다) 고정된 물체를 직접 분리·제거하는 작업을 하지 아니할 것

라) 미리 근로자의 출입을 통제하여 인양 중인 화물이 작업자의 머리 위로 통과하게 하지 아니할 것

마) 인양할 화물이 보이지 아니하는 경우에는 어떠한 동작도 하지 아니할 것(신호하는 자에 의하여 작업을 하는 경우 제외)

3. 원동기를 내장한 이동식 크레인을 사용할 때는 그 크레인의 구조 부분을 구성하는 강재 등의 변형 및 파단 등을 방지하기 위해 부착되어 있는 '과부하방지장치', '권과방지장치 및 브레이크장치' 등 방호장치를 주기적으로 점검해야 한다. 유효하게 작동될 수 있도록 조정을 한 경우, 권과방지장치는 훅, 버킷 등 달기구의 윗면(또는 도르래의 윗면)이 지브 선단의 도르래 등의 아랫면과 접촉을 예방하기 위해 그 간격이 '0.25미터 이상(직동식권과방지장치는 0.05미터 이상)'이 되는지 확인한다.

4. 유압을 동력으로 사용하는 이동식 크레인의 하중시험 또는 안전도 시험의 사유로 유압에 상당하는 압력으로 작동될 수 있도록 조정한 때가 아니라면, 안전밸브는 최대의 정격하중에 상당하는 하중을 걸었을 때의 유압에 상당하는 압력 이하로 작동이 설정되었는지 확인한다. 안전밸브는 '과압력 상승 방지' 목적이다.

5. 도급사별 안전관리자 또는 관리 감독자는 이동식 크레인을 사용하여 작업을 하는 운전자가 건설기계관리법 등 관계 법령에 의한 이동식 크레인 운전 면허를 확인하게 하였고, 중량물을 운반하는 때에는 해지 장치를 올바르게 사용하는지 실시간 관찰하도록 하였다.

6. 크레인의 달기구에 전용 탑승 설비를 설치하여 작업자를 탑승시킬 때 추락을 방지하기 위해 안전난간을 설치하고, 안전난간 설치가 어려울 경우 안전대 및 구명줄을 설치 후 안전고리를 체결할 수 있는 환경을 만든다. 탑승 설비와 탑승자의 총중량의 1.3배에 상당하는 중량에 500kg을 가산한 수치가 이동식 크레인의 정격하중을 초과하지 않도록 주의한다.

16 리프트의 안전한 설치와 사용기준을 따라야 한다

1. 플랜트 건설 현장에 간이리프트를 많이 사용하지만, 상시 운반구가 발생할 경우에는 간이리프트보다는 직접 리프트를 설치하여 사용할 때도 많다. 다만, 기계 오작동이나 잘못된 조작으로 고장이 나거나 과부하로 인해 추락 사고가 발생할 수 있는데, 작업자와 주변인의 심각한 부상이나 사망으로 이어질 수 있기 때문에 주의가 따른다.

2. 정격 하중을 초과하는 무게를 싣게 되면 리프트 구조물이 손상되거나 전기·기계 시스템이 과부하 상태에 빠질 위험이 있다. 전기 장비가 제대로 유지 관리되지 않으면 전기 쇼크, 화재, 또는 전원 중단 등의 사고가 발생할 수 있으며, 리프트가 설치된 바닥이나 구조물이 안정적이지 않으면 장비가 기울어지거나 붕괴할 위험이 있다. 따라서 리프트가 설치된 구조물이 수직을 유지해야 하며, 지정된 앵커를 사용해서 고정해야 한다.

3. 리프트를 설치할 때는 안전한 사용을 위해 산업안전보건법 및 관련 법령에 따른 법적 요구사항을 준수해야 한다. 설치 완료 후, 작업 시작 전에 고용노동부 또는 인증받은 검사기관의 설치 검사를 받아야 하는데 기계의 안정성, 브레이크장치, 비상정지장치, 과부하방지 시스템 등을 점검받는다. 한국산업표준(KS) 또는 이에 준하는 안전 인증을 받은 장비를 사용해야 한다.

4. 리프트의 운반구 이탈 등의 위험을 방지하기 위해 설치된 권과방지장치, 비상정지장치, 조작스위치 등 주기적으로 점검할 수 있도록 한다. 탑승조작장치가 고장났거나 수리가 필요한 경우에는 절대 근로자가 탑승할 수 없도록 조치한다. 리프트 조작반은 시건 조치하여 관계 근로자 외에 임의로 조작할 수 없도록 하고 자재 등의 추락 위험이 있는 구역은 작업자 이동을 통제한다.

> · 리프트를 사용하여 작업 시 근로자 출입 금지 장소
> 가) 리프트 운반구의 승강에 의하여 근로자에게 위험을 미칠 우려가 있는 장소
> 나) 리프트의 권상용 와이어로프의 내각 측에 그 와이어로프가 통하고 있는 도르래나 부착부가 떨어져 나감으로써 근로자에게 위험을 미칠 우려가 있는 장소

5. 리프트의 피트(Pit)는 가장 하단부에 위치한 공간으로 안전과

청결을 유지하기 위해 정기적인 점검과 청소가 필요하며 청소할 때 안전 수칙을 필히 준수해야 한다. 바닥을 청소할 때는 승강로에 각재 또는 원목 등을 걸치고 그 위에 운반구를 놓고 역회전방지기가 붙은 브레이크에 의하여 구동모터 또는 윈치(winch)를 확실하게 제동하여 두는 등의 행위로 운반구의 낙하 사고를 방지하기 위한 조치를 해야 한다. 청소 작업자는 안전모, 안전화, 장갑, 보호안경을 반드시 착용하고 작업 중 비상 상황을 대비해 안전대와 같은 보호장비를 갖춘다. 작업 시작 전 전원을 완전히 차단 후 비상조치를 취하여 작동되지 않도록 잠금 장치를 설치한다. 피트 내부는 밀폐된 공간이므로 충분히 환기시켜 유해 가스를 제거하고, 환기가 어렵다면 휴대용 환풍기나 공기 정화 장비를 사용해도 무관하다. 피트 내부를 점검하여 누수, 오염, 기계 부품의 손상 여부를 확인하고, 기름, 먼지, 이물질 등이 있을 경우 전용 청소 도구와 세척제를 사용해 제거한다.

6. 지반침하, 불량한 자재 사용 또는 헐거운 결선 등으로 인하여 리프트가 붕괴되거나 넘어지지 않도록 필요한 조치를 해야 하는데 특히 순간풍속이 초당 '35미터'를 초과하는 바람이 불어올 우려가 있을 때는 받침의 수를 증가시키는 등의 방법으로 붕괴 사고를 방지해야 한다.

7. 리프트의 운반구(캐리지)를 주행로 상에 달아 올린 상태로 정지시켜 두는 것은 안전과 시스템 유지 관리 측면에서 위험이

따르므로 금지한다. 운반구를 주행로에 정지시킨 상태로 방치하면 브레이크나 지지장치의 고장으로 인해 운반구가 추락할 위험이 있으며 아래의 작업자나 주변 사람들에게 심각한 안전사고를 초래할 수 있다. 또한 운반구를 오랜 시간 공중에 정지 상태로 두면 권상기, 브레이크, 와이어로프, 체인 등에 지속적인 하중이 가해져 부품이 과부하 상태에 놓일 수 있는데, 이러한 상태가 지속되면 기계 부품의 마모와 손상이 가속화되어 고장이 발생할 가능성이 높아진다.

17 간이리프트의 방호장치를 주기적으로 점검하라

1. '간이리프트'는 건설 현장에서 생산성을 극대화하고 안전한 작업 환경을 조성하는 데 핵심적인 역할을 한다. 상대적으로 설치가 간단하고 건설 현장의 필요에 따라 쉽게 이동하거나 해체할 수 있다. 정식 리프트를 설치하는 데 드는 비용과 시간이 많이 소요되지만, 간이리프트는 비용이 저렴하고 설치 기간이 짧아 단기 프로젝트나 소규모 건설 현장에서 많이 채택하고 있다. 간이리프트를 활용하면 자재나 장비를 수동으로 운반하기 위한 인력을 줄일 수 있어 인건비 절감은 물론이고, 단순 반복 작업을 기계가 대신 수행하므로 작업 효율성을 높인다. 작업자는 더 중요한 작업에 집중할 수 있다는 장점이 있다.

2. 무거운 자재를 사람이 직접 운반할 경우에 발생할 수 있는 낙하 사고나 근로자의 부상을 방지할 수 있고, 적재물과 인력 이동을 분리하여 작업자와 장비 간 충돌 가능성을 줄일 수 있지만, 안전하게 사용하기 위해서는 간이리프트의 권과방지장치, 과부하방지장치

등 그 밖의 방호장치가 유효하게 작동할 수 있도록 주기적인 점검은 필수이다.

3. 간이리프트는 소형 화물이나 경량 작업용으로 설계되었으나, 종종 과도한 중량을 싣거나 사람을 태우는 등 비정상적으로 사용하는 경우가 있다. 설계 기준을 초과한 하중으로 인해 로프나 기계 장치가 파손될 가능성이 높아진다. 앞에서 말한 것과 같이 운반구에 작업자를 탑승시켜서는 안 되지만, 작업자가 수리·조정 및 점검 등의 작업일 경우에는 탑승을 허용한다.

4. 간이리프트는 정식 승강기로 분류되지 않아 상대적으로 안전 기준이 느슨하거나 규제 적용이 어려운 경우가 있다. 간이리프트는 전문 업체가 아닌 개인이나 비전문가에 의해 설치되는 경우가 많은데, 반드시 안전 인증을 받은 '전문가'에 의해 설치되어야 한다. 이는 설치 과정에서 안전 규정을 준수하지 않거나 부실시공이 이루어져 사고 위험이 커지기 때문이다. 또한 정식 리프트와 달리 간이리프트는 정기적인 점검이나 유지보수가 제대로 이루어지지 않는 경우가 많은데 노후화된 부품을 교체하지 않거나 기계적 결함이 방치되면 사고 위험이 증가하기 때문에 주의한다.

안전병법

18 건설 현장의 승강기는 일반 승강기보다 위험하다

1. 건설 현장에는 '비산 먼지'와 '변화하는 환경(비, 바람 등)'으로 인해 승강기 작동에 영향을 미칠 수 있다. 또한 작업자들이 승강기를 사용할 때 제대로 다루지 않거나, 안전 규정을 무시한 채 작업을 진행하는 경우가 많기 때문에 일반 아파트와 같은 주거용 승강기보다 위험하다. 또한 공사 기간 동안 승강기의 정기적인 점검 및 유지보수가 제대로 이루어지지 않아 장비 결함이 생기는가 하면, 공기를 맞추기 위해 과도한 작업 속도로 설치하거나 막무가내로 다룰 경우 체계적으로 관리하지 못해 안전에 충분한 위협을 줄 수 있다.

2. 관리 감독자 또는 안전관리자는 승강기의 방호장치인 '과부하방지장치', '파이널 리밋 스위치(final limit switch)', '비상정지장치', '조속기', '출입문 인터록(inter lock)' 및 그 밖의 방호장치'가 유효하게 작동하는지 주기적인 점검이 필요하다. '파이널 리밋 스위치'는 승강기가 허용 이동 범위를 초과했을 때 작동하여, 승강기의 전원을

차단하고 추가적인 움직임을 방지하는 안전장치이다. 쉽게 말해서 승강기가 최상층이나 최하층을 초과해 움직이는 등 비상 상황 시 승강기를 정지시킨다. '조속기'는 승강기의 과속 상태를 감지하고, 비상시 승강기를 정지시키기 위해 작동하는 안전장치이다. 승강기의 속도를 제어하고, 설정된 속도 이상으로 빠르게 움직일 경우 즉시 비상 정지 브레이크(안전장치)를 작동시키는 데, 예를 들어 승강기가 과속으로 추락할 경우 승강기 차체의 속도를 제어하는 원리이다.

· 파이널 리밋 스위치와 조속기의 개념

항목	파이널 리밋 스위치	조속기
주요 역할	승강기의 과도 이동 방지	과속 상태 감지 및 정지 장치 작동
작동 조건	최상층/최하층 초과 이동	고정식 소형 장치, 크레인 부속으로 사용 가능
위치	승강로 상하단에 설치	고정된 위치에서 사용
연결 장치	승강기 제어 시스템 및 전원 차단 장치와 연결	비상 브레이크와 연결

3. '화물용 승강기'는 근로자를 탑승시켜서는 안 된다. 화물용 승강기는 화물을 운반하는 데 최적화된 장치로, 근로자의 안전을 보장하는 설계가 되어 있지 않기 때문에 근로자가 절대 탑승해서는 안 된다. 다만, 조작자 또는 화물 취급자 1인 탑승을 허용하지만, 내가 맡은 프로젝트에서는 절대 근로자를 탑승시키지 않았다.

4. 화물용 승강기는 화물의 무게와 부피를 기준으로 설계되어

안전병법

있으며, 충격 흡수 장치, 비상 탈출구, 조명, 환기 등 인체 안전을 위한 설계가 현저히 부족하다. 또한 '비상 정지 버튼'이나 '비상 통화 장치' 등이 없는 경우가 많아, 고장이나 사고 발생 시 근로자가 적절히 대처하기 어렵다. 일부 화물용 승강기는 안전문이 없거나 불완전한 형태로 설치되어 있어, 승강기 가동 중 근로자가 추락하거나 끼이는 사고가 발생할 위험이 크고 화물과 근로자가 동시에 탑승하면 승강기의 허용 중량을 초과할 가능성이 높아, 시스템이 오작동하거나 추락 사고로 이어질 수 있다.

5. 화물을 중심으로 설계된 승강기는 근로자가 탑승할 때 흔들림이 발생하거나 균형이 무너질 가능성이 있다. 근로자를 태우는 승강기는 별도의 안전 기준을 충족해야 하지만, 화물용 승강기는 이러한 기준에 부합하지 않기 때문이다. 승강기의 고장으로 인한 수리·조정 및 정기 점검 등을 작업할 때는 근로자의 탑승이 허용된다.

19 안전계수를 적용하면 사고를 예방할 수 있다

1. '안전계수'는 기계, 구조물, 장비 등을 설계할 때 안전성과 신뢰성을 확보하기 위해 도입되는 개념이다. 와이어로프 등의 부재를 작업에 사용할 때 허용되는 응력(허용응력)과 그 부재의 파괴 응력과의 비를 말한다. 쉽게 말해서, 주어진 시스템이 예상되는 최대 하중이나 응력을 초과하더라도 안전하게 작동할 수 있도록 설계 여유를 부여하기 위한 기준이다.

2. 안전계수를 구하는 이유는 예상치 못한 상황 대비를 위함이다. 구조물이나 장비는 예상외의 하중, 충격, 환경 변화(진동, 부식, 온도 변화)로 인해 초기 설계 하중을 초과하는 상황이 발생할 수 있는데, 안전계수는 이러한 불확실성에 대비한 여유를 제공하여 파손을 방지한다. 또한 반복적 하중, 피로, 마모 등의 영향을 고려하여 장비가 안전하게 작동할 수 있도록 설계의 여유를 부여하기 위함이다. 장비나 구조물이 파손되거나 붕괴하면 인명 사고로 이어질 수 있으므로,

충분한 안전계수를 적용하여 설계가 극한 조건에서도 사람과 환경에 미치는 위험을 최소화하는 데 기여한다.

3. 제조 과정에서 재료의 품질, 강도 등이 설계 기준과 약간 다를 수 있는데 안전계수를 통해 재료의 불확실성이나 균질(均質)하지 않은 특성을 보완한다. 기계 가공, 조립, 설치 과정에서 발생할 수 있는 오차나 편차를 안전계수로 흡수하여 설계의 안정성을 유지하기도 한다. 따라서 안전계수는 산업별로 규정된 설계 기준에 포함되어 있으며, 이를 충족하지 않으면 법적 제재를 받을 수 있다. 제품이나 설비가 법적 기준에 따라 인증을 받기 위해서는 필수적으로 안전계수를 충족해야 하는 것이다.

4. 와이어로프 또는 달기체인(고리걸이용 와이어로우프 및 달기체인 포함)의 안전계수가 기준에 적합하지 않을 경우, 절대 사용해서는 안 된다. 양중기의 고리걸이용구인 후크 또는 샤클의 안전계수가 사용되는 와이어로프 또는 달기체인 역시 마찬가지이다.

· 달기구의 안전계수 기준 미적합 경우
산정 공식 : 와이어로프 또는 달기체인 절단하중의 값을 그 와이어로프 또는 달기체인에 걸리는 하중의 최대값으로 나눈 값
가) 근로자가 탑승하는 운반구를 지지하는 경우에는 10 이상
나) 화물의 하중을 직접 지지하는 경우에는 5 이상

다) 그 외에는 4 이상

5. 고리걸이용 로프 또는 달기체인의 경우 최대허용하중 등이 표시된 표식이 견고하게 붙어있는 것을 사용해야 한다.

6. 안전계수를 통해 설계의 신뢰성, 인명 보호, 제조 공정의 오차 보완, 법적 요구사항 준수, 그리고 경제적 손실 방지와 같은 여러 목적을 달성하기 위한 필수적 요소나 마찬가지이다. 따라서 안전계수는 안전성과 효율성을 동시에 확보하기 위한 핵심적인 설계 기준이라고 볼 수 있다.

20 와이어로프 파단 사고는 치명적인 피해를 가져온다

1. '와이어로프 사고'는 주로 관리 부주의, 과도한 하중, 사용 연한 초과 등이 원인으로 작용하는데, 심각한 인명 피해나 재산 손실로 이어질 수 있어서 와이어로프를 이용하는 작업은 고위험 작업으로 분류된다. 과도한 마모 및 부식, 적재 하중 초과, 정기적인 점검 및 교체 미흡 등의 이유로 와이어로프가 갑자기 끊어지면 화물이 추락하고 작업자가 중상 이상의 피해를 입는 사고가 발생할 수 있으며, 파단된 와이어로프가 휘둘리며 작업자를 직접 타격할 수 있다.

2. 파단된 와이어로프가 작업자를 타격할 수 있다고 표현했는데 와이어로프는 강한 장력을 받는 상태에서 단선될 경우, 끊어진 로프의 양쪽 끝이 매우 높은 속도로 튀어 오르거나 작업자를 강하게 때릴 수 있다. 작업자는 끔찍하게도 신체 부위가 절단되거나, 심각한 타박상을 입는 등 치명적인 부상을 초래한다. 와이어로프의 단선이

발생하여 그 끝부분이 강하게 휘둘린다고 해서 '채찍 효과(whipping effect)'라고 부른다. 이 효과는 초당 수백 미터 이상의 속도로 움직여 사람을 즉사시킬 수 있다.

3. 파단은 사실 예측이 불가능하다. 와이어로프는 육안으로만 상태를 확인하기 어려운 경우가 많은데, 내부에 마모나 균열이 생겼을 때 이를 감지하지 못하면 갑작스러운 파단으로 이어질 수 있다. 외형상 멀쩡해 보이더라도 내부에서 금속 피로, 부식, 마모가 진행되어 약화되기 쉽기 때문이다. 특히 부식은 외부 환경(염분, 습기, 극한 온도 등)으로 인해 내부 상태를 완전히 확인하기 어렵기 때문에 사고 발생 시점의 예측이 거의 불가능하다.

4. 와이어로프가 끊어지면 고중량 화물이나 작업 플랫폼이 추락하여, 주변 작업자를 덮치거나 근처에 있는 건물과 장비가 손상될 수 있다. 단순히 한 장비에만 영향을 미치지 않고, 주변 작업 환경에 연쇄적인 영향을 줄 수 있다. 단순한 장비 손상뿐 아니라, 추락 사고로 인해 인명 피해가 동반될 가능성이 높다는 뜻이다. 예를 들어, 근로자가 휴식을 취할 수 있는 컨테이너를 옮기는 도중 사고가 나면 화물 손상뿐만 아니라 아래의 작업자들이 깔림 또는 파편 비산 등의 위험에 노출되는 것이다. 따라서 복합적인 인명 사고와 재산 손실을 야기하며, 작업 전반이 마비될 수 있다.

안전병법

5. 와이어로프를 이용한 작업은 주로 고소 작업이나 중장비 운용 작업 등 인명 사고가 치명적인 환경에서 사용되는데, 심각한 점은 와이어로프 사고를 경험하거나 목격한 작업자들은 심리적인 충격을 받아 작업 능력이 저하되고 안전에 대한 불안감이 커질 수 있다는 것이다. 심지어 프로젝트를 그만두는 작업자가 발생할 수 있다는 점이다.

6. 따라서 심도 있게 준비하고 다루어야 할 작업임은 틀림없다. 와이어로프를 절단하여 '양중(揚重)작업용구'를 제작할 때가 있는데 반드시 기계적인 방법에 의하여 절단해야 한다. 가스용단(溶斷) 등 열에 의한 방법으로 절단해서는 안 된다.

· 양중작업용구의 정의 및 종류

가) 정의

양중작업용구는 건설 현장, 공장, 항만 등에서 물건을 들어 올리거나 내리는 작업(양중 작업)을 수행하기 위해 사용되는 다양한 도구와 장비를 의미한다. 양중 작업은 일반적으로 크레인, 리프트, 지게차 등의 장비를 이용하며, 이 과정에서 안정적이고 효율적인 하중 이동을 위해 사용되는 용구가 바로 양중작업용구이다.

나) 주요 양중작업용구 종류

1) 와이어로프 : 강철로 제작된 여러 개의 가닥을 꼬아 만든 로프

2) 체인 : 금속으로 이루어진 연결고리

3) 샤클 : U자형 금속 장치로, 핀으로 고정됨

4) 후크 : 금속으로 제작된 갈고리 형태

5) 슬링 : 합성 섬유, 와이어로프, 체인 등으로 제작된 장치

6) 리프팅클램프 : 금속판이나 빔을 잡아서 들어 올리는 장치

7) 턴버클 : 금속으로 된 장치로, 와이어로프나 체인의 장력을 조정

7. 아크, 화염, 고온부 접촉 등으로 열 영향을 받은 와이어로프를 사용해서 안 되며, 이음매가 있거나 스트랜드(strand)에서 끊어진 소선의 수가 '10% 이상'인 것은 사용이 금지된다. 스트랜드는 와이어로프의 '꼬임'을 의미한다. 실제 건설 현장에서는 소선이 끊어지는 현상이 발견되었는데, 나는 소선 한 가닥이라도 끊어지면 작업을 중지하고 교체하라고 지시하였다. 와이어로프 지름의 감소가 공칭지름의 '7%'를 초과하는 거나, 꼬인 것, 심하게 변형 또는 부식된 것 또한 사용이 금지된다.

8. 와이어로프와 마찬가지로 '달기체인' 또한 사용이 금지되는 조건이 많다. 달기체인의 길이 증가가 최초 제조된 때의 길이의 '5%'를 초과한 것, 링의 단면 지름의 감소가 최초 제조된 때의 지름의 '10%'를 초과한 것, 균열이 있거나 심하게 변형된 것은 사용이

금지된다. 달기체인을 사용할 때는 정격 하중을 반드시 확인하고, 꼬임이나 비틀림 없이 적절하게 배치한다. 사용 전후로 체인 상태를 정기적으로 점검하고, 청결하게 유지하며, 부식 방지 처리를 하면서 관리하는 것이 바람직하다.

9. 균열, 변형, 녹, 마모 등의 손상이 있는 링, 샤클, 후크 등을 크레인 또는 이동식 크레인의 고리걸이용구로 절대 사용해서는 안 된다. 손상된 용구는 내구성과 신뢰성이 떨어지므로 갑작스러운 파손 위험이 있다. 엔드리스(endless)가 아닌 와이어로프 또는 달기체인에 대하여는 그 양단에 훅, 샤클·링 또는 고리를 구비한 것이 아니어도 사용할 수 없다. 또한 심하게 손상되거나, 부식이 있고, 꼬임이 끊어진 섬유 로프 또는 섬유 벨트를 사용해서도 안 된다. 나는 로프나 벨트에 붙어있는 레이블(태그)이 떨어져 나간 것도 사용하지 못하게 했는데, 레이블에 표시된 사용하중을 알지 못한 채 다루면 위험하다고 판단했기 때문이다.

10. 와이어로프는 대체로 '꼬아넣기' 또는 '압축멈춤'으로 제작된다. 안전성과 성능을 유지하고 작업 효율성을 극대화하기 위해서이다. 꼬아넣기 방식은 로프 전체의 강도를 극대화하고, 특정 부분에 과도한 하중이 집중되지 않도록 한다. 내부의 긴장 균형이 형성되어 각 와이어와 스트랜드가 균일하게 하중을 분담하게 된다. 압축멈춤은 끝부분을 단단히 고정하여 와이어가 풀리거나 미끄러지는 것을

방지하고, 로프의 전체 강도를 보존한다. 꼬아넣기와 압축멈춤 방식은 와이어로프가 충격, 진동, 비틀림 등 외부의 물리적 스트레스에 잘 견디도록 설계되는데, 이는 특히 고하중 작업이나 반복적인 사용 환경에서 중요하다. 대부분의 산업 표준(ISO, KS 등)은 와이어로프 제작 시 꼬아넣기와 압축멈춤 방식을 권장하거나 의무화하는 필수적인 제작 방식이다.

> · 꼬아넣기의 제작 방법
>
> 꼬아넣기(아이스플라이스eyesplice)는 와이어로프의 모든 꼬임을 3회 이상 끼워 짠 후 각각의 꼬임의 소선의 절반을 잘라내고 남은 소선을 다시 2회 이상(모든 꼬임을 4회 이상 끼워 짠 때에는 1회 이상)끼워 짜야 한다.

21 계단 설치는 사용 근로자의 안전을 최우선 반영해야 한다

1. 계단은 건축물 내에서 가장 자주 사용하는 이동 경로 중 하나이다. 계단의 높이(단높이)와 폭(단폭)이 불규칙하거나 부정확하면 걸려 넘어지거나, 미끄러지는 사고가 발생할 가능성이 높아진다. 계단의 구조적 설계가 정밀하지 않으면 무게를 제대로 지탱하지 못하거나, 시간이 지나면서 파손 및 균열이 발생할 수 있으므로 계단의 설계 및 시공은 건축법 및 안전 기준에 따라야 한다. 규정에 맞지 않게 시공될 경우, 준공 허가가 거부될 수 있으며 법적 문제가 발생할 수 있다.

2. 규정된 계단 치수(단높이, 단폭, 경사도 등)는 사용자의 안전과 편의를 보장하기 위해 설정된 것이다. 단높이와 단폭이 일정하지 않으면 계단을 오르내릴 때 불편함과 피로를 느끼게 된다. 특히 나이 많은 근로자나 몸이 불편하고, 장애를 가진 근로자들이 이용하기가 더 어렵고 위험해질 수 있다. 설치 상태가 양호한지, 불량인지 조치를 할 수 있도록 점검 항목이 따로 정해져 있는데 어느 항목이라도

불량할 경우 계단이라고 판정할 수가 없다. 특히 계단을 감싸고 있는 난간대는 아주 견고하게 설치해야 한다. 참고로 본 프로젝트에서 계단의 난간을 설치할 때 지주(난간봉)는 계단 바닥과 볼트 체결로 조립 후 전면 용접을 하여 견고하게 설치하도록 하였다.

· 계단 설치 점검 항목

가) 계단의 미끄러움, 나) 계단의 공간이 확보, 다) 계단 손잡이 레일의 유무

및 상태, 라) 계단의 조명 상태, 마) 계단 폭의 적합성,

바) 계단의 강도, 사) 계단의 난간 상태

3. 계단 및 계단참을 설치하는 때에는 매 제곱미터당 '500kg' 이상의 하중에 견딜 수 있는 강도를 가진 구조로 설치하여야 하며, '안전율'은 '4 이상'으로 하여야 한다. 여기서 안전율은 안전의 정도를 표시하는 것으로서, 재료의 파괴응력도와 허용응력도와의 비를 말한다. 하중을 견뎌내야 하는 모든 시설물 시공에 대해서는 책임 도급사가 발주사와 함께 강도를 측정하였는데, 스카이 장비에 포장 시멘트 더미를 묶어 얹어보는 방법을 수시로 해보았다. 나는 강도 실험을 '그라비티 테스트(Gravity test)'라고 이름 지었다.

4. 계단 및 승강구 바닥을 구멍이 있는 재료로 만들 때는 렌치, 기타 공구 등이 낙하할 위험이 없는 구조로 해야 한다. 떨어진 공구는 망가지거나 분실될 가능성이 높으며, 아래에 있는 기계나 장비를

손상시킬 위험도 있다. 더군다나 렌치나 공구가 계단이나 승강구를 통해 아래로 떨어질 경우, 아래에서 작업 중인 작업자 또는 지나가던 사람들이 큰 부상을 입을 수 있다. 높은 곳에서 떨어지는 공구는 중력에 의해 큰 충격을 가하게 되며, 심각한 사고로 이어질 수 있다. 산업안전보건법에서는 낙하물 방지 조치를 의무적으로 시행하도록 규정하고 있다. 이를 준수하지 않을 경우, 벌금이나 공사 중지 등의 법적 제재를 받을 수 있다.

5. 모든 산업체에서 계단을 설치하는 때에는 그 폭을 '1미터' 이상으로 해야 한다. 다만, 급유용, 보수용, 비상용 계단 및 나선형 계단에 대해서는 제한이 없다. 또한 계단에는 손잡이 외의 다른 물건 등을 설치 또는 적재하여서는 안 되며, 바닥면으로부터 높이 '2미터' 이내의 공간에 장애물이 없도록 해야 한다. 높이가 3미터를 초과하는 계단에는 높이 '3미터' 이내마다 너비 '1.2미터' 이상의 계단참을 설치해야 한다. 계단을 오르내릴 때 피로가 누적되거나 균형을 잃을 수 있는데, 계단참은 중간에 휴식을 제공하여 사고 위험을 줄이는 역할을 한다. 또한 화재나 긴급 상황 발생 시, 계단참은 피난 중 안전하게 멈춰 서거나 대기할 수 있는 공간 역할을 한다. 게다가 계단참이 있으면 심리적 안전감을 인식하게 되어 사용자가 더 편안함을 느끼게 된다. 계단참은 규정된 단높이(계단 높이)의 한계를 초과하지 않도록 하여 안전성을 유지하는데, 긴 계단을 한 번에 오르내리는 것은 사용자에게 큰 신체적 부담을 줄 수 있기 때문이다.

대규모 건축물에서는 계단참을 비상구, 피난층, 또는 장비 설치 공간으로 활용할 수도 있다.

22 안전난간의 구조와 설치요건을 정확하게 숙지하라

1. 4단 이상인 계단의 개방된 측면에는 '안전난간대(Guardrail)'를 설치하여야 한다. 안전난간대를 설치하는 이유는 작업자의 안전을 확보하고, 사고를 예방하며, 법적 요구사항을 준수하기 위함이다. 안전난간대는 작업 환경에서 사람들이 추락하거나 다칠 위험을 줄이는 필수적인 안전장치이다. 건설 현장, 공사장, 계단, 발코니 등에서 작업자가 실수로 발을 헛디뎌 떨어지는 것을 방지하고 작업 중 장 장비나 물건이 떨어져 아래 사람들에게 피해를 입히는 것을 막아준다. 또한 작업자에게 심리적 안정감을 제공하는데 높은 곳에서 작업할 때, 추락 위험이 줄어들면 작업자는 보다 안정적이고 효율적으로 작업할 수 있다.

· 안전난간 설치 기준(甲)

가) 난간의 높이는 90센티미터 이상이 되도록 할 것

나) 난간은 계단참을 포함하여 각층의 계단 전체에 걸쳐서 설치할 것

다) 목재로 된 난간은 5제곱센티미터 이상의 단면을, 금속제 파이프로 된 난간은 4센티미터 이상의 지름을 갖는 것일 것

라) 난간은 임의의 점에 있어서 임의의 방향으로 움직이는 100킬로그램 이상의 하중에 견딜 수 있는 튼튼한 구조일 것

마) 난간의 지주는 2미터 이내마다 설치하고 가능한 한 단면과 난간 상면과의 중앙부에 중간대를 설치할 것

2. 근로자의 추락 등에 의한 위험을 방지하기 위하여 안전난간이 적합한 구조로 설치되지 않거나, 규정을 준수하지 않으면 법적 제재를 받을 수 있다.

· 안전난간 설치 기준(乙)

가) 상부난간대, 중간난간대, 발끝막이판 및 난간기둥으로 구성할 것

나) 상부난간대는 바닥면, 발판 또는 경사로의 표면으로부터 90센티미터 이상~120센티미터 이하에 설치하고, 중간난간대는 상부난간대와 바닥면 등의 중간에 설치할 것

다) 발끝막이판은 바닥면 등으로부터 10센티미터 이상의 높이를 유지할 것(물체가 떨어 지거나 날아올 위할 수 있는 망을 설치하는 등 필요한 예방조치를 한 장소를 제외 가능)

안전병법

라) 난간기둥은 상부난간대와 중간난간대를 견고하게 떠받칠 수 있도록 적정 간격을 유지할 것

마) 상부난간대와 중간난간대는 난간길이 전체에 걸쳐 바닥면 등과 평행을 유지할 것

바) 난간대는 지름 2.7센티미터 이상의 금속제파이프나 그 이상의 강도를 가진 재료일 것

사) 안전난간은 임의의 점에서 임의의 방향으로 움직이는 100킬로그램 이상의 하중에 견딜 수 있는 튼튼한 구조일 것

23 작업장 바닥의 상태를 매일 점검하라

1. 작업장 바닥에 균열, 구멍, 돌출물 등이 있으면 작업자가 걸려 넘어지기 쉬우며, 바닥에 물기, 기름, 먼지, 혹은 기타 미끄러운 물질이 있을 경우에도 넘어져 부상을 입을 위험이 있을 수 있다. 심지어 건설중장비 차량이 이동하는 바닥 상태가 나쁘면 중장비가 균형을 잃거나 장비를 손상시키는 등 제대로 작동하지 않을 수 있기 때문에 바닥 상태는 매일 점검해야 한다. 산업안전보건법 등에서도 작업장의 바닥 상태를 안전하게 유지하도록 명시하고 있다.

2. 작업장 바닥 상태 점검은 상시로 이루어져야 한다. 작업 전 균열 및 손상 확인해야 하는데, 바닥 표면에 균열, 구멍, 파손된 부분이 있는지 육안으로 확인한다. 기름, 물, 먼지, 혹은 기타 미끄러운 물질이 있는지 확인하고, 바닥 위에 작업 도구나 쓰레기 등 작업에 장애가 되는 것이 놓여 있는지 확인 후 제거한다. 어두운 작업장이나 바닥의 작은 균열을 확인하기 위해 조명을 꼭 사용해야 한다. 건설중장비

차량의 효율적인 작업을 위해서 테스트 역시 필요하다. 평탄하지 않은 구역이 있는지, 고르지 않은 부분을 레벨 측정기 등으로 확인하는 과정과 미끄럼 방지 기능이 제대로 작동하는지 확인하는 '미끄럼 저항 테스트', 바닥이 장비나 물품의 하중을 견딜 수 있는지 확인하는 '하중 테스트'는 꼭 필요하다.

3. 겨울철에는 바닥에 물기와 결빙 여부를 확인하고, 배수 시설이 제대로 작동하는지 점검하도록 한다. 작업자가 미끄럼 사고가 날 수 있다고 판단되는 구역은 미끄럼 방지 매트나 코팅을 추가로 설치해야 한다. 건설중장비 차량의 이동 경로에서 마모된 구역을 점검하고 보강한다. 안전보건협의체는 근로자, 작업 장비가 작업장의 바닥에서 넘어지거나, 미끄러지는 등의 위험이 없도록 작업장 바닥을 안전하고 청결한 상태로 유지하도록 수시 점검을 하기도 했다.

4. 공사 현장의 바닥은 구역마다 높낮이가 모두 달라서 작업 환경이 쾌적하다고 보기 어렵다. 선반, 로울러기 등 기계·설비의 작업 또는 조작 부분이 작업자의 키 등 신체 조건에 비하여 현저하게 높거나 낮은 때는 안전하고 적당한 높이의 작업발판을 설치하거나 그 기계·설비를 적정 작업 높이로 조절하여야 한다. 기계·설비의 높이를 조절하는 것은 현실적으로 어려운 점이 많으므로 작업 발판을 주로 이용했다. 작업 발판은 설치에 경제적일뿐더러, 적절한 높이를 제공하여 작업자가 보다 편안한 자세로 작업할 수 있게 도와준다.

다만, 추락사고가 나지 않도록 방호조치를 한 상태에서 사용해야
한다.

안전병법

24 출입구는 통행하는데 방해가 되지 않도록 관리하라

    1. 작업장에서 '출입구'를 설치할 때는 작업자의 안전과 효율적인 이동을 고려하여 설계와 설치를 진행해야 한다. 출입구는 산업안전보건법과 건설 기준에 따라 설계 및 설치해야 하는데, 출입구는 근로자가 작업을 하는데 효율성과 안전성을 보장하는 중요한 요소이므로 작업 환경과 목적에 적합해야 한다.

> · 작업장에 출입구(비상구 제외) 설치 시 준수사항
>
> 가) 출입구의 위치와 수 및 크기가 작업장의 용도와 특성에 적합하도록 할 것
>
> 나) 출입구에 문을 설치하는 경우에는 근로자가 쉽게 열고 닫을 수 있도록 할 것
>
> 다) 주목적이 하역운반기계용인 출입구에는 인접하여 보행자용 출입구를 따로 설치할 것
>
> 라) 하역운반기계의 통로와 인접하여 있는 출입구에서 접촉에 의하여 근로자에게 위험을 미칠 우려가 있는 때에는 비상등, 비상벨 등 경보장치를

> 할 것
>
> 마) 계단이 출입구와 바로 연결된 경우에는 작업자의 안전한 통행을 위하여 그 사이에 충분한 거리를 둘 것. 다만, 출입구에 문을 설치하지 아니한 경우에는 그러하지 아니하다.

2. 요즘 들어서 출입구를 설치할 때 '동력'으로 작동되는 문을 많이 설치하는 추세이다. 동력으로 작동되는 문은 손이나 발을 사용하지 않고도 자동으로 열리고 닫힌다. 작업자가 장비나 물건을 이동하는 동안에도 불편함이 없이 출입할 수 있고, 작업 환경이 바쁜 곳에서는 출입 속도가 중요한 요소가 될 수 있기 때문에 작업 효율성을 높일 수 있는 정점을 가지고 있다.

3. 손이나 몸을 문에 끼지 않도록 설계된 '자동문'은 작업자의 안전을 강화하는 데 유리하다. 문이 자동으로 열리고 닫히므로 사고를 예방할 수 있는데, 일부 자동문은 비상 상황에서 즉시 열릴 수 있도록 설계되어 있어 빠른 대피가 가능하며, 화재나 사고 시 유용하다.

또한 출입구에 동력 시스템을 장착하면 출입 통제 시스템과 연계하여 무단출입을 방지할 수 있다. 동력으로 작동되는 문은 물리적인 힘을 들이지 않고도 쉽게 개폐할 수 있어, 작업자가 문을 열거나 닫기 위한 노동력을 절약할 수 있으며, 큰 물건이나 장비를 다룰 때 자동문은 손쉽게 열리므로 사람의 힘을 덜어준다. 특히 물류나 창고 작업장에서는 많은 양의 제품을 신속하게 이동시킬 수 있다.

4. 일부 동력 문은 사람이 접근할 때 자동으로 열리고, 일정 시간이 지나면 닫히는 시스템을 적용하여 에너지를 절약할 수 있다. 예를 들어, 외부 온도에 따라 출입문을 여닫는 시스템을 설정하여 에너지 낭비를 줄인다. 쉽게 말해 출입 후 빠르게 닫혀 외부 공기가 작업장에 유입되는 것을 방지하고, 냉난방 에너지 손실을 최소화하는 원리이다.

· 동력으로 작동되는 출입문의 설치 기준

가) 동력으로 작동되는 문에 근로자가 끼일 위험이 있는 2.5미터 높이까지는 위급 또는 위험한 사태가 발생한 때에 문의 작동을 정지시킬 수 있도록 비상정지장치의 설치 등 필요한 조치를 할 것(위험구역에 사람이 없어야만 문이 작동되도록 안전장치가 설치되어 있거나, 운전자가 특별히 지정되어 상시 조작하는 때에는 생략 가능)

나) 동력으로 작동되는 문의 비상정지장치는 근로자가 잘 알아볼 수 있고 쉽게 조작할 수 있을 것

다) 동력으로 작동되는 문의 동력이 끊어진 때에는 즉시 정지되도록 할 것(방화문은 생략 가능)

라) 수동으로 열고 닫음이 가능하도록 할 것

마) 동력으로 작동되는 문을 수동으로 조작할 때는 제어장치에 의하여 즉시

정지시킬 수 있는 구조일 것

25 작업장의 창문 설치 시 안전 기준을 고려하라

1. 작업장에서 창문을 설치할 때는 여러 가지 주의 사항을 고려해야 한다. 창문의 설치 위치와 크기, 재질 등이 해당 법규를 준수해야 하며, '비상탈출구'로 활용될 경우, 창문 크기와 열리는 방향이 법적 요건을 만족해야 한다. 또한 창문 설치 시 자연 채광 및 환기 확보를 위한 최소 요구 사항을 확인해야 한다.

2. 작업장의 '환기'를 위해 창문이 충분한 크기와 적절한 위치에 있어야 한다. 내부 환경의 공기질이 작업에 영향을 줄 수 있으므로 환기 성능을 고려해야 한다. 창문은 외부와 내부의 온도 차이로 인한 결로 문제를 방지해야 하며, 에너지 손실을 줄이기 위해 단열 기능이 좋아야 한다. 작업장 주변이 소음이 심한 경우 방음 창호를 고려해야 한다.

3. 창문 프레임 및 유리는 작업 환경에 적합한 내구성을 가져야

한다. 예를 들어서 화학약품 사용이 많은 환경에서는 '내화학성 재질'을 사용하고 고온 환경에서는 내열성이 높은 창호를 설치해야 한다. 강화유리나 안전유리 사용하여 파손 시 안전사고를 예방할 수 있다. 채광은 작업 효율을 높이는 데 중요한 요소이므로 창문 배치 설계 시 반드시 반영해야 한다. 작업장의 에너지 절약에 목적을 둔다면 창을 설치할 때 이중창 또는 삼중창으로 단열 성능 강화할 수 있다.

4. 작업장에 창문을 설치함에 있어서는 작업장의 창문을 열었을 때 근로자가 작업하거나 통행하는데 방해가 되지 아니하도록 하여야 하며, 작업자가 안전한 방법으로 창문을 여닫거나 청소를 할 수 있도록 보조도구를 사용하게 하는 등 필요한 조치를 하여야 한다.

26 각종 시설물이 붕괴 위험이 없는지 확인하라

1. 안전한 작업장은 기업의 이미지와 신뢰도를 높이는 데 중요한 역할을 한다. 반대로 사고가 빈번한 작업장은 부정적인 이미지를 초래할 수 있다. 또한 안전하지 않은 환경은 작업자의 심리적 불안감을 초래하며 작업 효율성을 떨어뜨릴 수 있다. 안전한 작업 환경은 효율성을 높이는 데 기여하는데, 작업장의 안전을 확보하고 사고를 예방하기 위해 기계, 기구 및 시설물 등의 위험 요소가 있는지 살펴봐야 한다. 특히 작업장의 '붕괴' 위험은 작업자 및 주변 사람들의 생명과 신체를 위협할 수 있다. 사전 점검을 통해 위험 요소를 파악하고 제거하면 사고 발생 가능성을 크게 줄일 수 있다.

2. '붕괴 사고'는 시설물, 장비, 재료 등의 손상을 초래하며 이는 기업의 재정적 손실로 이어질 수 있다. 그리고 붕괴 사고로 인해 주변 환경에 영향을 미칠 수 있는데, 유해 물질 누출이나 구조물 파괴로 인한 환경 오염을 방지하려면 사전 예방 조치가 필요하다. 구조물,

건축물, 그밖의 시설물이 그 자체의 무게, 하중, 적설, 풍압 그 밖에 부가되는 하중 등으로 인하여 붕괴 등의 위험이 있는 때에는 미리 안전진단을 실시하는 등 근로자에게 미칠 위험을 방지하기 위한 조치를 하여야 한다. 붕괴 위험 여부를 점검하는 것은 작업자의 안전과 기업의 지속 가능한 운영을 위한 핵심적인 활동이다.

안전병법

27 낙하물이 떨어질 위험이 있는 개소를 확인하라

1. 작업장에서 '낙하물'이 존재하면 사고로 이어질 수 있다. 낙하물은 작업자나 주변 사람들의 생명과 신체에 심각한 위협을 줄 수 있기 때문이다. 특히 건설 현장이나 고층 작업에서 낙하물 사고는 치명적인 부상을 초래할 가능성이 높다. 낙하물 사고는 예상치 못한 순간에 발생하는데 이를 방지하기 위해 위험 요소를 사전에 식별하고 즉시 제거하는 것이 중요하다. 산업안전보건법에서는 낙하물 방지를 위한 조치를 명시하고 있으며, 이를 준수하지 않을 경우 법적 제재, 벌금, 공사 중단 등의 불이익이 발생할 수 있다.

2. 쾌적하고 안전한 환경은 작업자의 불안감을 줄이고 작업에 집중할 수 있도록 돕지만, 낙하물 등의 사고가 발생하면 작업 중단 및 복구 작업으로 인해 생산성이 저하된다. 작업자는 낙하물 위험이 있는 환경에서 심리적 불안을 느낄 수 있으며, 이러한 스트레스는 작업 효율과 건강에 부정적인 영향을 미친다. 낙하물 사고는 작업

장비, 시설물, 재료 등에 손상을 줄 수 있어 추가 비용이 발생할 수 있다. 작업장의 바닥, 도로 및 통로 등에서 작업자에게 낙하물에 의한 위험을 미칠 우려가 있는 때에는 보호망을 설치하는 등 필요한 조치를 하여야 한다.

안전병법

28 위험물질은 지정 장소에 필요한 양만큼 보관하라

1. 법으로 규정한 '위험물질'에 대해서는 작업장과 별도의 장소에 보관하여야 하며, 작업장 내부에는 작업에 필요한 양만큼만 두어야 한다. 위험물질을 지정된 장소에 필요한 양만큼만 보관해야 하는 이유는 근로자의 안전을 확보하고 예상치 못한 사고를 예방하기 위함이다. 위험물질은 화재, 폭발 등의 위험을 내포하고 있는데, 필요한 양만 보관하면 사고 발생 시 위험 규모가 제한되어 피해를 최소화할 수 있다.

2. 과도한 양의 위험물질은 관리가 어려워지고, 누출, 혼합, 부식 등의 위험이 증가하며 과도한 양의 위험물질로 인해 작업자가 의도치 않게 노출될 가능성이 높아진다. 적정량을 유지하면 보관 상태를 더 효율적으로 점검하고 관리할 수 있으며, 작업자와 주변인의 건강과 안전을 보호할 수 있다. 위험물 누출, 화재, 폭발 등의 사고가 발생했을 때, 보관된 양이 적을수록 피해 범위와 복구 비용이 줄어들고 대형

사고로 확산될 가능성을 낮출 수 있다.

3. 우리나라뿐만 아니라 대부분의 국가에서는 위험물 보관량에 대해 법적 제한을 두고 있다. 지정 장소에 적정량만 보관하지 않으면 벌금, 영업 정지 등의 처벌을 받을 수 있다.

4. 필요 이상의 위험물질을 보관하면 추가적인 보관 설비, 안전장치, 관리 비용이 발생하고 작업 공간이 협소해져 작업 효율성과 생산성이 저하될 수 있는데, 필요한 양만 보관하면 이러한 비용을 절감하고 효율적인 작업 환경을 유지할 수 있다. 따라서, 작업장에서 위험물질은 지정 장소에 필요한 최소량만 보관해야 안전을 확보하고, 법적 규제를 준수하며, 사고와 비용을 최소화할 수 있다.

29 비상구는 적합한 구조로 설치하고, 대피로를 확보하라

1. 작업장에 '비상구'를 설치하는 이유는 긴급 상황에서 작업자와 방문객의 생명과 안전을 보호하고, 법적 규제를 준수하기 위해서이다. 화재, 폭발, 자연재해 등 예기치 못한 사고 발생 시, 신속하게 대피할 수 있는 출구를 제공하여 인명 피해를 줄일 수 있는데 비상구는 가장 빠르고 안전한 대피 경로를 제공하기 때문이다. 비상구는 작업장을 이용하는 모든 사람이 비상 상황에서 안전하게 대피할 수 있도록 설계되어야 하며, 대규모 사업장에서는 비상구가 필수적으로 필요하다. 화재가 발생했을 때 연기와 불길의 확산을 줄이는 역할도 하며, 화재문이나 방화벽과 함께 설계되어 피해를 최소화한다.

2. 비상구는 명확한 대피 경로를 제공하여 혼란과 대피 지연을 방지한다. 비상 상황에서는 근로자들이 공포심으로 인해 비효율적으로 행동할 수 있으므로, 명확한 경로 제공을 통해 인명 피해를 줄이는 것은 물론이고, 신속한 대피를 통해 시설물이나 장비의 2차 피해를 줄일 수 있다. 출구가 부족하거나 부적절하게 설계된 경우, 대피

과정에서 추가적인 사고가 발생할 가능성이 높으므로 법적 요구를 충족하여 설계해야 한다.

3. 법으로 규정된 위험물질을 제조 및 취급하는 작업장은 출입구 외에 안전한 장소로 대피할 수 있는 1개 이상의 비상구를 기준에 적합한 구조로 설치하여야 한다.

· 비상구 설치의 적합한 구조

가) 출입구와 같은 방향에 있지 아니하고, 출입구로부터 3미터 이상 떨어져 있을 것

나) 작업장의 각 부분으로부터 하나의 비상구 또는 출입구까지의 수평거리가 50미터 이하가 되도록 할 것

다) 비상구의 너비는 0.75미터 이상으로 하고, 높이는 1.5미터 이상으로 할 것

라) 비상구의 문은 피난방향으로 열리도록 하고, 실내에서 항상 열 수 있는 구조로 하며, 내부 및 외부에는 비상구의 표시를 할 것

4. 비상구에 문을 설치하는 경우에는 항상 사용할 수 있는 상태로 유지하여야 한다. 그 이유는 긴급 상황에서의 대피 안전성과 신속성을 보장하기 위함이다. 비상구 문이 막혀 있거나 잠겨 있다면 화재, 폭발, 지진 등의 긴급 상황에서 신속히 대피할 수 없다. 문을 항상 사용할 수 있어야 대피 경로가 원활하게 유지되며, 인명 피해를 최소화할 수 있다. 긴급 상황에서 비상구가 열리지 않으면 혼란과

공포가 가중되어 대피가 지연되고 추가적인 사고가 발생할 가능성이 높다. 예를 들어 화재가 났을 경우, 문이 정상적으로 작동하지 않으면 연기와 불길이 대피 경로로 확산되어 대피자들에게 큰 위협이 될 수 있는 것이다.

5. 비상구 문 앞에 물건을 쌓아 두거나 잠금장치를 사용하는 것은 대피를 방해할 수 있다. 비상구가 잠겨 있거나 작동하지 않을 경우, 사고 발생 시 사업주에게 큰 법적, 도덕적 책임이 부과된다. 비상구는 항상 사용할 수 있는 상태로 유지해 장애물로 인한 대피 지연을 방지해야 한다.

6. 비상구 문이 항상 사용 가능한 상태라면, 정기적인 점검과 유지보수가 필요하다. 문제를 사전에 발견하고 해결할 수 있어 비상시 작동 불능 상태를 예방할 수 있다. 비상구가 항상 열려 있는 상태라면 작업자에게 안전하게 대피할 수 있다는 심리적 안정감을 주는데 이는 작업 환경을 더욱 쾌적하게 만드는 데 역할을 한다.

30 비상용 기구는 표시하고, 쉽게 이용할 수 있도록 하라

　1. 건설 현장의 '비상용 설비나 시스템(비상구, 소방 설비, 대피로 등)'은 항상 쉽게 이용할 수 있도록 유지해야 한다. 안전 관리와 긴급 상황 대처를 위한 핵심적인 요소이기 때문에 즉각적인 대처가 필요하다. 무슨 뜻인가 하면, 건설 현장은 화재, 붕괴, 폭발, 자연재해 등 예상치 못한 비상 상황이 발생할 수 있기 때문에 비상용 설비가 원활히 작동하고 쉽게 접근할 수 있어야 인명 피해를 최소화할 수 있다. 예를 들면, 비상 대피로와 출입구에는 잠금장치 또는 짐과 같은 장애물 없이 항상 개방되어 있어야 빠르고 안전한 대피가 가능한 것이다.

　2. 건설 현장에서 비상용 기구는 관련 법규와 안전 규정을 준수해야 한다. 소방 및 비상 대피 설비의 작동 상태를 유지하지 않으면 법적 문제나 과태료를 초래할 수 있다. 따라서 정기적인 점검과 관리는 법적 의무일 뿐만 아니라 근로자의 안전을 보장하기 위한 기본 조건이라고 말할 수 있다. 비상구, 비상 통로 또는 전반적인 비상용 기구에 대하여는 '비상용'이라는 문구를 표시하고 쉽게

이용할 수 있도록 유지하여야 한다.

3. 건설 현장은 위험 요소가 많아 안전이 최우선 과제이다. 비상용 설비를 항상 사용할 수 있는 상태로 유지하면 작업자와 방문자가 긴급 상황에서도 안전하게 대처할 수 있으며, 이러한 현장은 신뢰도 높은 작업 환경을 조성하는 데도 기여한다. 연면적이 '400제곱미터' 이상이거나 '상시 50인 이상'의 근로자가 작업하는 옥내작업장에는 비상시에 근로자에게 신속하게 알리기 위한 경보용 설비 또는 기구를 설치하여야 한다.

4. 현장 작업 도중 발생할 수 있는 사고(장비 고장, 구조물 붕괴 등) 시 비상 장비를 신속히 활용할 수 있어야 한다. 비상용 설비가 제대로 작동하지 않으면 사고의 피해가 확대될 가능성이 크다. 비상용 설비가 명확히 표시되고 장애물 없이 접근할 수 있어야 구조 작업이 원활히 이루어질 수 있다. 따라서 비상 상황에서 소방관, 구조대 등 외부 구호 인력이 현장에 진입할 때 비상용 설비와 대피로는 필수적이라고 말할 수 있다.

5. 비상 설비를 유지 관리하지 않아 발생하는 사고는 복구 비용과 프로젝트 지연 비용을 초래할 수 있다. 정기적인 유지 관리는 긴급 상황을 대비하여 장기적으로 더 낮은 비용을 보장한다. 건설 현장에서 비상용 설비와 시스템을 쉽게 이용할 수 있도록 유지하는

것은 단순한 관리 차원을 넘어 생명과 재산을 보호하는 기본적인 책임이다. 이는 모든 참여자의 안전을 보장하고 현장의 효율성을 높이는 데 핵심적인 역할을 한다.

31 작업 통로는 근로자가 항상 사용 가능한 상태로 유지하라

1. 작업장에 '통로'를 설치할 때는 안전하고 효율적인 작업 환경을 조성하기 위해 고려해야 하는 사항이 다양하다. 산업안전보건법, 건축법 등 관련 규정을 준수해야 하며 통로의 폭은 작업자와 장비가 안전하게 지나갈 수 있도록 충분히 확보되어야 한다. 통로에 장애물(작업 자재, 기계 등)이 없어야 하며, 항상 깨끗하고 정돈된 상태를 유지해야 하는데 눈에 잘 띄는 색상으로 표시하여 작업자들이 쉽게 식별할 수 있도록 해야 한다. 참고로 나는 주로 '진한 노란색'을 선호했다. 통로의 목적, 방향, 주의 사항 등을 알리는 '표지판'을 설치해야 하고, 통로 옆에 낙하물 위험이 있거나 기계가 운용될 경우, 안전 난간이나 경계선을 설치하여 근로자 보호조치를 한다.

2. 통로가 어둡지 않도록 충분한 조명을 설치해 작업자가 안전하게 이동할 수 있도록 해야 한다. 작업자가 안전하게 통행할 수 있도록 통로에 '75Lux 이상'의 채광 또는 조명시설을 갖추어야 한다. 다만, 갱도 또는 상시통행 하지 않는 지하실 등을 통행하는 작업자로

하여금 '휴대용 조명기구'를 사용하도록 할 때는 생략해도 무관하다.

3. 옥내에 통로를 설치하는 때에는 걸려 넘어지거나 미끄러지는 등의 위험이 없도록 하여야 한다. 바닥은 미끄럼 방지 처리가 되어 있어야 하며, 오일, 물 등의 유출을 즉시 제거할 수 있는 관리 체계를 마련해야 한다. 나는 미끄럼 사고가 날 수 있는 구역을 선정해서 미끄럼 방지 매트나 테이프로 시공하였다.

4. 통로는 비상 상황에서 신속히 대피할 수 있도록 설계되어야 하며, 비상구로 이어지는 경로는 항상 '개방 상태'로 유지해야 한다. 특히 건설 현장이나 작업장에서 작업자와 장비의 안전하고 효율적인 이동을 보장하기 위해 임시로 설치되는 '가설통로'는 낙하물, 기계 작동 구역, 지반이 불안정한 지역 등 작업자에게 위험이 될 수 있는 구역을 안전하게 우회할 수 있는 역할을 한다.

· 가설통로 설치 시 준수사항

가) 견고한 구조로 할 것

나) 경사는 30도 이하로 할 것(계단을 설치하거나 높이 2미터 미만의 가설통로로써 튼튼한 손잡이를 설치한 때에는 생략 가능)

다) 경사가 15도를 초과하는 때에는 미끄러지지 않는 구조로 할 것

라) 추락의 위험이 있는 장소에는 안전난간을 설치할 것

마) 수직갱에 가설된 통로의 길이가 15미터 이상인 때에는 10미터 이내마다

안전병법

계단참을 설치할 것

바) 건설공사에 사용하는 높이 8미터 이상인 비계다리에는 7미터 이내마다

계단참을 설치할 것

5. 수직 공간(높은 곳 또는 낮은 곳)으로 접근해야 할 때, 공간 제약으로 인해 경사로, 계단식 통로를 설치하기가 구조적으로 어렵다. 따라서 이 경우에는 '사다리식 통로'를 설치하지만, 설치 시 안전 규정을 철저히 준수하여 추락 사고를 반드시 예방해야 한다.

· 사다리식 통로 설치 시 준수사항

가) 견고한 구조로 할 것

나) 발판의 간격은 동일하게 할 것

다) 발판과 벽과의 사이는 적당한 간격을 유지할 것

라) 사다리가 넘어지거나 미끄러지는 것을 방지하기 위한 조치를 할 것

마) 사다리의 상단은 걸쳐 놓은 지점으로부터 60센티미터 이상 올라가도록 할 것

바) 사다리식 통로의 길이가 10미터 이상인 때에는 5미터 이내마다 계단참을 설치할 것

사) 사다리식 통로의 기울기는 80도 이내로 할 것(높이 2미터를 초과하는 지점부터 등받이울 설치한 경우 생략 가능)

6. 통로는 작업자들이 자주 이동하는 공간으로, 사고 발생 가능성이 높은 곳이다. 통로 주변에 소화기, 응급키트 등의 비상 설비를 배치하고, 접근을 용이하게 하는 등 응급 상황 발생 시 빠르게 대응할 수 있도록 해야 한다.

안전병법

32 개구부에서 추락하면 무조건 사망이다

1. 공사 현장에는 '개구부'가 늘 존재한다. 공사 현장의 인근 지역 '중대재해 알림'에서 고소 타워에 존재하는 개구부를 불티방지포로 덮었는데, 근로자가 인지하기 못한 상태로 밟고 지나가다 추락사 한 내용이 전파되었다. 공사 기간 동안 개구부가 발생 시 일차적으로 위험표지판을 설치해서 근로자 접근금지 조치를 하였으며, 접근금지 개소 마다 견고한 덮개를 설치하거나, 임시 안전난간을 모두 설치하여 추락 사고를 예방했다. 처음에는 위험표지판으로 충분하다고 했지만, 표지판 자체에 익숙해지면 안전 경각심이 낮아짐을 알고 있기에 개선하는 것이 낫겠다고 판단했다.

2. 실제로 작업 발판 및 통로의 끝이나 개구부로써 근로자가 추락할 위험이 있는 장소에는 안전난간, 울타리, 수직형 추락방망 또는 덮개 등의 방호 조치를 충분한 강도를 가진 구조로 튼튼하게 설치하여야 한다. 덮개를 설치하는 경우에는 뒤집히거나 떨어지지

않도록 설치하여야 한다.

3. 비계 사이로 이동하는 고소 작업자들 사이에서 특별히 주의해야 할 위험 구간을 공유한 적이 있었다. 작업 발판 설치가 곤란한 구간이 생각보다 많아서 공사 진행이 어려운 상황이었다. '추락방호망'을 설치하기로 결정했고, 설치 기준이 적합한지 안전보건협의체에서 직접 정밀검사를 하였다. 추락방호망의 설치 위치가 작업면과 가까운 지점에 설치되어 있는지 우선 체크하였으며, 작업면으로부터 망의 설치 지점까지의 수직거리가 10m를 초과하지 않는지 확인하였다. 수평으로 설치하되 망의 처짐은 짧은 변 길이의 '12% 이상' 되도록 하였다. 건축물 등의 바깥쪽으로 설치한 추락방호망은 밖으로 내민 길이가 벽면으로부터 '3m 이상' 되도록 하였다.

4. 철골 상단을 다니는 고소 작업자들의 안전을 위해 추가로 '방망'을 설치할 사례가 지속적으로 발생했다. 다만, 지방 소도시에는 방망을 설치하는 업체가 그다지 전문적이거나 표준 규격을 지키지 않는 곳이 많으므로 발주자는 꼼꼼히 체크해야 한다. 방망의 소재는 합성섬유 또는 그 이상의 물리적 성질을 갖는 것으로 사용해야 한다. 그물코는 사각 또는 마름모로서 그 크기는 '10cm 이하'여야 하며, 방망의 종류는 매듭 방망으로써 단매듭을 원칙으로 해야 한다. 테두리 로프는 각 그물코를 관통시키고 있는지 확인하고, 서로 중복됨 없이 재봉사로 결속이 되어 있는지 확인한다.

안전병법

· 추락방호망과 방망의 구분

항목	추락방호망	방망
주요 목적	작업자 추락 방지	낙하물 방지
설치 위치	고층 작업장 내부 또는 하부	외벽 또는 주변 작업 구역
하중 견디기	사람의 무게를 견딜 수 있도록 설계	낙하물의 무게만 견딜 수 있도록 설계

33 나는 왜 사다리 작업을 3인1조로 추진했을까?

  1. 사다리 사고는 작업 현장에서 흔히 발생하는 안전사고 중 하나이며, 심각한 부상을 초래하거나 심지어 사망에 이를 수도 있다. 특히 높은 곳에서 추락하면, 충격력이 크게 작용하여 심각한 외상이 발생하는데, 추락한 부위가 머리, 목, 척추 등 중요한 신체 부위일 경우 생명에 치명적인 손상을 입을 수 있다. 따라서 안전모나 보호장비를 착용하지 않은 경우 부상의 위험이 더 커지므로 필수 장비는 착용해야 한다.

  2. 사고의 추락 지점이 콘크리트, 금속 또는 기타 단단한 표면인 경우 충격이 흡수되지 않아 부상 정도가 더 심각해진다. 이러한 충격은 머리 손상(두부 외상), 골절, 내부 장기 손상 등으로 이어질 수 있어 사망으로 이어진다. 사고의 주요 원인 중 하나가 부적절한 사다리 사용으로 볼 수 있다. 사다리 각도가 너무 가파르거나 평평하지 않은 지면에 설치된 경우, 사다리가 작업자의 체중이나

안전병법

작업 하중을 견딜 수 없는 경우, 사다리의 미끄럼 방지 장치가
제대로 작동하지 않을 경우 등 이러한 요인으로 인해 갑작스러운
미끄러짐이나 전도로 추락 사고가 발생하게 된다.

3. 작업자가 안전대(안전벨트), 추락 방지 장치를 사용하지 않을
경우, 사다리에서 떨어질 때 충격을 완화하거나 잡아줄 장치가 없어
직접 추락으로 이어지게 된다. 하지만 작업 현장의 모습이 워낙
다양해서 안전고리를 체결할 수 없는 작업 구역이 대부분이다.
따라서 사다리가 넘어지는 것을 방지하기 위해 공사 초기에는 작업
시 '작업자 포함한 2인 1조 및 아웃트리거 사용'으로 기준을 정했다가
공사 중기부터는 '작업자 포함한 3인 1조 및 아웃트리거 사용'으로
변경하였다. 사다리 위에 올라간 작업자를 지지하는 사람이 한
명으로는 위험하다고 판단했기 때문이다.

4. 이 책을 읽는 독자 중에 사다리를 사용해 보거나, 아래에서
사다리가 옆으로 넘어지지 않도록 지지해 본 적이 있다면, 절대로
한 명만의 힘으로는 어렵다는 점을 알 것이다. 사다리는 좌우
반대편으로 넘어지기 쉽다. 아래에는 좌우 한 명씩 각각 붙어 있는
것이 상책이다.

34 공사 말기로 넘어갈 즈음 많은 생각에 잠기다

1. 많은 공사 현장은 다양한 사회기술 시스템에 크게 의존하고 있다. 많은 사업체가 정부 기관인 노동부나 안전보건공단에서 제시하는 '룰(Rule)', 즉, 규정과 지침을 기반으로 시스템을 구축하고 운영한다. 이러한 규정을 무시하거나 반영하지 않을 경우, 사고로 이어질 가능성이 높다. 이는 기업들이 안전 기술 시스템에 의존하는 정도가 크다는 점과 함께, 이러한 시스템의 규모와 영향 범위가 확대됨에 따라 기술적 위험(리스크)에 대한 사회적 우려가 커지는 것은 필연적인 결과라고 할 수 있다.

2. 그러나, 안전 시스템을 제공하는 상부 기관(정부)과 이를 실제로 사용하는 현장 근로자(기업) 간에 이해와 협력이 제대로 이루어지고 있는지에 대해 고민할 필요가 있다. 특히, 우리나라에서 재해율 1위를 차지하는 추락사고와 같은 치명적인 사고가 발생할 때마다 기업 대표와 안전 책임자들은 언론 앞에서 안전을 최우선으로

삼겠다는 의지를 밝히고 재발 방지를 약속한다. 그러나 그 구체적인 실행 방안이 제시되는 경우는 드물다. 기업이 안전성 향상을 위해 투자할 수 있는 자원은 제한적이기 때문에, 실질적인 개선 노력은 여러 제약을 받을 수밖에 없다. 그럼에도 상투적인 반성과 면피성 대응만 반복한다면 사고 원인 규명과 재발 방지책 마련, 법령 개정 등 필수적인 조치가 소홀히 다뤄질 수밖에 없다.

3. 그리고 또 다른 문제는 중대재해 발생 시 책임자들이 자신의 잘못을 진지하게 성찰하기보다는, 법적 처벌을 피할 방법만을 먼저 고민하는 경우가 많다는 점이다. 이런 상황에서 피해자(재해자)의 부주의나 태만, 지시 불이행을 문제 삼아 사고의 책임을 전가하려는 경향이 나타나며, 실제 작업 환경이나 시스템의 구조적 문제는 배제되는 경우가 많다.

4. 그렇다고 재해자의 책임을 엄격히 묻는 것이 잘못되었다고 주장하는 것은 아니다. 그러나 사고의 근본적인 원인을 바로 보고 해결하려면, 사회에서 제공하는 안전 기술 시스템이 작업장의 기본 토대로 자리 잡아야 한다. 이를 기반으로 작업장 구성원들에게 체계적으로 전파하고 실행하는 것이 가장 중요한 것이다.

산업안전보건법을 철저히 준수한다고 해서 모든 사고를 완전히 막을 수 있는 것은 아니다. 위험 요소에 대한 대책을 수립할 때는 단순히 규정을 따르는 데 그치지 않고, 인간공학적 관점에서 문제에 접근하고 해결책을 마련해야 한다는 점을 잊지 말아야 한다. 안전 기술 시스템은 작업장의 기본적인 안전을 보장하기 위한 필수 요소이지만, 이를 효과적으로 활용하기 위해서는 시스템에 대한 이해와 실행 과정에서의 협력이 필수적이다. 단순히 규정을 따르는 것을 넘어, 사고의 근본 원인을 직시하고 체계적인 대책을 마련하는 노력이 중요하다. 안전은 단순한 책임 전가가 아니라, 근본적인 문제를 해결하는 구조적 접근에서 출발해야 하는 것이다.

PART 3

건설공사 말기

건설공사 말기(末期)는 작업의 마무리 단계로, 안전성과 품질을 유지하며
프로젝트를 성공적으로 완료하기 위해 기술적, 심리적으로 특별한 주의가
필요한 단계이다.
또한, 안전과 품질을 동시에 확보하며, 법적 준수와 실제 사용자의 만족을
달성하는 데 초점을 맞춰야 한다. 이를 위해 작업자의 안전, 작업 마감
상태, 현장 정리, 문서화 작업 등을 철저히 관리해야 하는 단계가 건설공사
말기 단계이다.

01 실질적 재해 발생 대응 시나리오는 끝까지 보완하라

1. '사고 발생 대응 시나리오(scenario manual)'는 사고가 발생했을 때의 초기 대응부터 사고 원인 분석 및 재발 방지 대책까지의 과정을 체계적으로 정리한 문서이다. 사고 발생 시 초기 대응에 사고 현장의 안전 확보와 부상자 구조 및 응급조치, 그리고 신속한 보고 체계 가동까지 정리하고 있다. 즉, 사고 발생 시 신속하고 체계적인 초기 대응, 정확한 원인 분석, 그리고 실질적인 예방 방법을 나열한 '가이드라인(guide-line)'이라고 할 수 있다. 시나리오를 통해 사고의 영향을 최소화하고 유사 사고를 방지할 수 있는 장점이 있다.

2. 하지만, 사고 대응 매뉴얼은 실제로 사고가 났을 때 활용하기에 도움이 되지 못할 경우가 있다. 실질적 대응에 현실적인 문제가 있는데 포괄적으로 설명하자면, 매뉴얼 자체가 굉장히 '이성적'이고, 사고 사항은 심각하게 '제한적'이기 때문이다. 쉽게 나열하자면 첫째, 긴급 상황에서의 심리적 요인이 있다. 사고 발생 시 사람들은

충격이나 공포로 인해 이성적으로 행동하기 어려워 매뉴얼을 떠올리거나 적용하지 못하는 경우가 많다. 더군다나 사고를 처음 겪는 경우, 대응 순서를 알더라도 실질적으로 어떤 행동을 해야 할지 혼란스러울 수 있다. 둘째, 현장 상황과 매뉴얼 간 괴리가 있다. 매뉴얼은 보편적인 사고 상황을 가정해 작성되지만, 실제 사고는 예측할 수 없는 변수가 많아 매뉴얼이 모든 상황을 포괄하지 못하며, 매뉴얼이 작성될 때 특정 작업 환경이나 조건이 충분히 반영되지 않는 경우, 실제 상황에서는 실행 가능한 조치가 제한될 수 있다. 셋째, 시간적 제약이 따른다. 사고 대응은 빠른 판단과 행동이 중요한데, 매뉴얼을 참조하거나 단계적으로 수행하는 데 시간이 걸리면 초기 대응이 지연될 수 있어서 혼선이 충분히 발생할 수 있다. 예를 들어 심각한 부상자 발생 시 즉각적인 응급조치와 매뉴얼 준수 사이에서 혼란이 생길 수 있다. 마지막으로 매뉴얼에 따라 응급조치를 수행하려 해도 현장에 필요한 장비나 자재, 대응 인력이 없는 경우가 있을 수 있다.

3. 공사 현장의 환경과 분위기는 지속적으로 변하고 또 변한다. 매뉴얼을 작성할 때는 현장 상황에 맞는 구체적인 내용과 사례를 지속적으로 보완하고 개선해야 한다. 안전사고, 위기 상황을 가정한 '모의 훈련'을 주기적으로 실시해서 매뉴얼 보완과 대응 체계를 현시점에 맞도록 수정해야 한다. 조직과 책임자는 계속 바뀐다. 사고 발생 시 누가 어떤 역할을 수행해야 하는지 명확히 정의해야 하고,

안전병법

실제 사고가 발생했을 때 매뉴얼의 적용 여부와 문제점을 검토해야
한다.

4. 누군가가 매뉴얼의 적용 여부와 문제점 검토를 언제까지
해야하는지 묻는다면, 지금 상황에서는 이를 유연하고 현실적으로
적용할 수 있는 시점, 즉, 최종 준공일까지 필요하다고 말할 것이다.

02 관리 감독자는 공사 말기에 어떤 역할을 해야 할까?

1. 프로젝트가 마지막 준공 단계에 이르기까지 안전한 작업 환경을 유지하고 원만한 인간관계를 이어가기 위해서는 관리감독자가 평소처럼 일관된 태도와 행동을 유지하는 것이 중요하다. 관리감독자는 작업 중 근로자의 불안전한 행동, 산업안전보건법 위반 사항, 사내 안전보건 규정 위반 등을 발견하면 즉시 지적하고 개선 조치를 취해야 한다. 그러나 공사의 초기나 중기 단계에서 지나치게 잔소리하거나 강압적인 태도로 인해 에너지 소모가 큰 관리감독자들이 많을 경우, 프로젝트 말기에는 이러한 지적과 개선 작업을 일부러 생략하거나 모른 척하는 경우가 충분히 발생할 수 있다.

2. 그러나 안전은 결코 타협할 수 없는 가치이다. 나는 안전을 위협하는 요소에 대해 모호하거나 애매한 경계는 절대 없어야 한다고 생각한다. 안전은 "위험하다" 또는 "안전하다"로 명확히 구분되어야

안전병법

하며, "검토가 필요한 상태"처럼 애매모호한 단계를 설정하는 것은 위험 관리와 사고 예방에 혼란을 초래할 수 있기 때문이다. 이처럼 관리감독자의 작은 주저나 생략을 하는 행위가 생각지도 못한 큰 사고로 이어질 가능성이 있다고 생각한다. 따라서 공사 말기에 필요한 것은 앞에서 말한 대로 관리감독자의 일관된 행동인데, 이는 관리감독자 자신의 역할(담당)은 끝까지 이행해야 한다는 것이다. 공사 말기까지 지속되어야 하는 상세 역할로는 첫째, 작업자의 당일 과제와 목표 등의 달성을 위하여 지속적인 독려, 지도하는 것이다. 일을 할당하고, 필요한 것을 가르치며, 때로는 요구와 질책을 멈추지 않는 것이다. 위험 요소를 발굴하면 충분히 개선 방법을 가이드해야 한다. 둘째, 근로자들과의 인간관계를 프로젝트가 끝날 때까지 양호하게 유지하기 위한 노력이다. 근로자들의 반목을 방지하고, 자신도 소속 근로자들과의 양호한 신뢰 관계를 만드는 것이다. 신뢰받지 못한 상태에서는 관리감독자의 역할을 진심으로 다할 수 없다. 이처럼, 관리감독자는 공사 말기까지 두 가지의 역할을 동시에 집중하여야 한다.

3. 긍정적인 인간관계를 위한 개선이 필요할 때가 있을 수 있다. 관리감독자에 대한 소속 근로자들의 고충, 불만에 대해서 충분히 인지한다면 쉽게 방법을 찾을 수 있는 것이다. 실제로 인간관계의 중요성에 대해 인지하지 못하는 일부 관리감독자는 근로자들과의 소통보다는 일방적인 지시와 명령으로 일을 처리하려는 경향이

있으며, 현장에서 자신의 권한을 지나치게 강조하거나, 근로자들의 의견을 무시하는 태도로 인해 불만을 유발하고 있다. 심지어 안전 관련 지침이나 규정을 명확히 전달하지 않아 근로자들이 위험에 노출되는 경우도 있다. 따라서 관리감독자는 평소 인간관계 중심의 중요성을 습득하고, 관리하는 마인드는 지속되어야 한다. 근로자들과의 협력적이고 신뢰를 기반으로 한 관계를 형성하고, 공정성과 소통을 중시하는 자세를 갖추는 것이 중요하다.

03 공사 말기에 장면행동을 특히 조심하라

1. 막바지에는 여러 작업이 동시에 진행되면서 공간이 좁아지고, 작업자 간의 동선이 겹친다. 또한 마감 공사 단계에서는 예기치 못한 위험 요소(날카로운 물건, 전기 작업, 미완성된 바닥 등)가 많아지며, 작업자들은 공사가 끝나갈수록 피로가 누적되고 긴장이 풀릴 수 있는데, 이로 인해 사소한 실수가 발생하기 쉽다. 또한 난간, 안전망 등 주요 안전 시설물이 아직 완성되지 않았을 수 있으며, 조립된 자재가 임시로 고정되어 있어 안전하지 않을 수 있다. 이러한 상황에서 자칫 사고라도 나면 중대재해로 이어지기 쉽다.

2. 공사 막바지에는 일정 준수를 위한 압박이 커질 수 있어서 급하게 일을 처리하려는 모습이 훤히 보인다. 내 입장에서 '훤히 보인다'는 뜻은 안전 규칙을 소홀히 한다는 뜻이다. 안전불감증이 점점 높아지고 있는 상태에서 돌발적으로 위기 상황에 직면하면, 그것에 의식이 집중되어 다른 사항을 의식하지 못하고 분별없이

행동하는 경우가 있는데, 이 행동을 '장면(場面)행동'이라고 한다. 쉽게 말해 어떠한 방향으로 강한 욕구가 발행되면 무의식적으로 그 방향으로 직진하는 행동이다.

3. 장면행동은 가령, 밀폐공간에서 작업하던 중 가스가 누출되어 산소결핍으로 동료가 쓰러졌음을 발견하고 급히 작업장 안으로 구출하러 뛰어 들어가는 행동이다. 물론 아무런 안전 보호구나 장치 없이 뛰어 들어가면 본인도 큰 재해를 입을 수 있다. 또는 사다리 작업을 하다가 아래로 떨어지는 치공구를 재빨리 잡으려다 함께 떨어져 추락사고가 날 경우도 될 수 있다. 이처럼 장면행동의 원인은 안전불감증이 점점 높아지고 있는 상황과 복잡한 작업 환경이라고 할 수 있다.

4. 장면행동을 철저히 막고, 유해 위험 요소를 대응하기 위해 공사 초기, 중기와 마찬가지로 안전교육은 끝까지 이루어져야 한다. 안전 지식을 갖추면 작업 환경에 맞춘 행동을 하게 되고, 그 행동을 통해 잠재적인 사고를 미연에 방지할 수 있다. 작업 현장의 안전이 확보되지 않은 상태에서는 공기 지연이 되어도 상관없다. 근로자의 생명보다 소중한 것은 절대 없다. 안전이 최우선이다.

04 저숙련자만 관찰하는 습관은 잘못된 행동이다

1. 공사 말기로 들어서면 대부분의 작업자가 본 프로젝트에서 긴 시간을 보내며 숙련되었다고 생각하지만 큰 오산이다. 작업자의 절반 이상이 '단기 일용직'이라서 건설 현장의 공사 초기부터 말기까지 전체 시간을 함께 보낸 사람은 드물다. 하지만 여러 공사 현장을 다니며 연차를 쌓은 숙련된 작업자들은 능숙하다. 현장 적응에도 능숙하며, 작업 내용과 전반적인 환경 파악이 빠르다. 하지만, 이러한 '숙련자'를 제외하고 경력이 짧거나, 새로 투입된 '저(氐)숙련자'가 안전사고가 많이 날 것이라고 판단해서 집중 관찰하는 것은 잘못된 행동이다. 불안전행동은 일의 지식이 부족하고 경험이 쌓이지 않은 작업자에게만 발현하는 것이 아니고, 숙련자에게서도 발현하기 때문이다.

2. 숙련자들이 저숙련자보다 사고가 덜 나는 것이 아닌 이유는 심리적, 환경적, 행동적 요인들이 복합적으로 작용하기 때문이다.

숙련자들은 반복 작업이나 오랜 경험으로 인해 자신감이 높아지는 경향이 있어서 작업 중 위험 요소를 간과하거나 과소평가할 심리가 강하다. '나는 충분히 잘 알고 있다'는 생각이 사고를 예방하기 위한 기본적인 규칙을 소홀히 하게 만들기 때문이다. 숙련자들은 연차가 쌓이면서 작업을 관성적으로 수행하는 경우가 잦아진다. 사고를 예방하기 위한 세심한 주의력이 감소되고 환경 변화에 둔감하게 반응하는 것이다. 작업을 루틴으로 받아들이다 보니 잠재적 위험 요소를 미처 인식하지 못하는 경우도 있다. 또한 숙련자들은 본업에 대해 능숙하기 때문에 작업을 더 빠르고 효율적으로 끝내는 방법을 잘 알고 있다. 짧은 시간에 일을 마치기 위해 일부 안전 절차를 생략하거나 더 위험한 접근 방식을 선택할 가능성이 높다.

3. 대부분의 공사 현장은 숙련자를 선호한다. 숙련자는 일반적으로 다양한 업무의 동시 진행이 가능하며, 더 복잡하거나 위험도가 높은 작업도 맡길 수 있기 때문이다. 하지만 이러한 환경 자체가 사고 발생 가능성을 높이는 요인으로 작용한다. 숙련자 중 구성원 내에서 책임자 역할을 맡기는 경우도 있는데 여러 작업을 동시에 관리하다 보면 본인의 안전을 소홀히 할 수도 있다.

4. 숙련자라도 주기적으로 안전 교육과 위험 인식 훈련을 받도록 해야 한다. 위험 인식 훈련을 통해 동료나 관리자들로부터 작업 중 위험 행동에 대한 피드백을 받을 수 있는 환경이 필요하다.

안전병법

숙련자들이 자주 접하는 고위험 작업의 프로세스를 최적화할 필요가 있으며, 과도한 자신감을 방지하기 위해 자신감과 경계심의 균형을 유지하도록 도와야 한다. 숙련자 역시 저 숙련자와 비슷한 수준으로 사고를 겪는 것은 아이러니하게 들릴 수 있지만, 이를 충분히 이해하고 공사 환경에 맞도록 관리해야 한다.

05 비계 철거 작업에서 긴장감을 놓지 않도록 하라

1. 공사 초기에 설치해 놓은 비계는 플랜트 설치가 완료되거나 고소 작업이 마무리되는 시점에 '철거 작업'이 이루어진다. 비계 철거 작업에서 긴장감을 절대 놓지 않아야 한다. 철거 과정에서는 비계의 구조적 안정성이 점차 약화하는데 일부 부재가 제거되면서 비계가 흔들리거나 붕괴할 위험이 커진다. 따라서 작업자의 낙하, 추락 사고가 발생할 가능성이 높다. 작업자가 보호 장구를 제대로 착용했더라도 빨리 마무리하고 싶은 작업 심리 때문에 부주의하게 움직이는 경우가 많다.

2. 나는 비계 철거 작업이 시작되기 전에 작업 업체로부터 '철거 계획서'를 요청했으며 안전 규정을 충분히 이해하고 있는지 확인했다. 안전 규정을 충분히 인지하지 못한 상태에서 작업을 진행할 경우 사고가 발생할 가능성이 높기 때문이다. 경험 부족, 잘못된 작업 프로세스 및 관습으로 인해 철거 순서를 잘못 수행하거나, 안전

수칙을 소홀히 하는 사례를 막기 위해 안전교육을 재진행시켰다.

3. 교육 내용은 작업자의 '심리 상태'를 온전하게 만들 수 있는 항목을 가장 첫 번째로 구성하였다. 두 번째, 기술적인 항목으로는 철거 작업에서 사용하는 공구나 장비(절단기, 렌치)를 잘못 사용하거나 점검하지 않고 사용할 경우 발생할 수 있는 사례와 철거 중 비계에서 떨어지는 자재나 공구로 인해 작업자 또는 주변 인원이 다치는 사례로 구성하였다. 그리고 날씨로 인해 작업 환경의 변화, 비계가 낡았거나 설치 당시부터 제대로 고정되지 않은 상태라면 철거 중 예기치 못한 붕괴가 발생할 수 있기에 철거 전에 비계의 상태와 주변 환경을 철저히 점검하는 '작업 전 준비 단계'를 강조했다.

4. 작업이 시작되었다면 작업자의 '안전행동관찰'에 몰입해야 한다. TBM(안전점검회의) 장소에서 철거 순서와 방법을 명확히 정의하고, 작업자가 충분히 인지하고 있는지 확인한다. 작업자는 안전모, 안전벨트, 안전화 등 개인 보호구를 착용 후 철거 작업은 반드시 위에서 아래로, 바깥쪽에서 안쪽으로 진행해야 한다. 비계의 하중을 유지할 수 있도록 주요 부재를 먼저 제거해서는 안 된다. 철거 작업 중 비계 아래나 주변에 작업자나 일반인이 접근하지 못하도록 작업 구역을 통제하고, 접근 금지 표지판과 안전선을 설치해야 한다. 사용 중인 공구와 철거된 자재는 떨어뜨리지 않도록 주의하며, 안전 로프 등을 이용해 고정한다.

5. 작업 중간마다 철거된 부재는 즉시 지정된 장소로 옮겨 작업 공간을 깨끗하게 유지해야 한다. 비계 철거 중 흔들림이나 불안정함이 느껴지면 즉시 작업을 중지하고 점검한다. 혹시 모를 추락, 낙하 등 사고 발생 시 즉각적인 응급조치와 구조가 가능하도록 사전에 대비해야 하는데, 가까운 의료 시설의 위치와 연락처를 작업자에게 공유해 놓도록 한다.

6. 비계 철거는 주요 고위험 작업 중 하나이다. 작업자가 철거 작업의 위험성을 인식하고, 철저히 계획된 순서와 안전 수칙을 지키는 것이 핵심이며, 가장 중요한 사항이다. 작업자는 작업 전 충분히 교육받아야 하는데, 교육 이수 시간을 채우는 것보다 실제로 인지하고 습득을 했는지 확인하는 것이 필요하다. 관리감독자는 작업 현장을 지속적으로 감독하며 위험 요소를 제거해야 한다. 끝까지 안전을 우선으로 고려하여 작업을 마무리하는 것이 필수이다.

안전병법

06 화학물질은 끝까지 위험성을 인지하고 관리하라

1. '유해화학물질'은 일반적으로 취급하기 전부터 교육을 듣고 위험성을 인지하며 사용하지만, 작업에 익숙해지면 취급에 소홀하기 쉽다. 특히 공사 말기에는 물질 자체에 익숙해져 심각한 위험이 따르기 쉬우므로 작업자의 행동을 잘 관찰해야 한다. 관리감독자 등 책임자들의 심도 있는 판단으로 작업에 의해 중독된 사람은 작업에 종사하지 않도록 하고, 같은 사람이 오랜 기간 계속하여 작업을 하면 중독의 위험성이 있다는 점은 끝까지 전파하여야 한다. 공사 말기에도 절대 변하지 않아야 할 것 중의 하나가 '보호구 착용'이다. 안전모, 마스크, 보안경, 내화학장갑, 장화, 긴소매의 옷, 긴바지 등의 착용은 변함이 없어야 한다. 나는 여름철에 짧은 소매나 바지 착용의 건의가 많았음에도 다양한 논리로 설득했다.

2. 유독물과 특정 유독물 중 어느 것에도 해당하지 않는 것으로 변화시키는 방법, 가스체, 휘발성의 유독물이나 특정 유독물을

보건위생상 위해가 발생할 염려가 없는 장소에서 소량씩 방출하거나 휘발시키는 행위, 가연성 독극물을 보건위생상 위해가 발생할 위험이 없는 장소에서 소량씩 연소시키는 행위 등에 대해서는 법적 저촉 사항이 없도록 이행하는지 끝까지 모니터링했다. 특히 독성이 있는 물질의 누출을 방지하기 위해서 작업장 내 독성물질의 저장 및 취급량을 최소화하는 행동은 공사 최종일까지 하도록 독려하였고, 독성물질을 취급, 저장하는 설비의 연결부분 누출, 이상 유무도 마찬가지로 공사 최종일까지 점검하도록 했다.

3. 독성물질을 폐기, 처리해야 할 경우에는 적절한 처리 공정을 통하여 독성물질이 외부로 방출되지 않는지 체크하였고, 독성물질이 외부로 방출될 때를 방지해서 건설 작업자뿐만 아니라, 추후 운전하는 생산 인력들이 쉽게 알 수 있도록 필요한 경보 설비 및 작업 중지 시스템을 마련하였다.

4. 유해화학물질은 공사 말기에도 추가로 발주를 넣어 수입하는 경우가 많다. 마지막까지 그 물질의 유해성과 위험성에 따른 경고 표지를 부착하였으며, 이와 더불어 유해화학물질을 사용하는 근로자에게는 물질안전보건자료(MSDS)를 제공하고 주요 취급 사항을 포함한 교육을 실시하였다.

07 시운전은 변수가 많은 고위험 작업이다

1. 설치 완료된 플랜트의 시운전 중 사고가 많이 발생하는 이유는 다양한 요인이 '복합적'으로 작용하기 때문이다. 그만큼 변수가 많기 때문에 대표적인 이유 또한 수없이 많을 정도로 복합적이다. 그럼에도 대표적인 이유를 꼽으라면 '기술적 결함'과 '운전자의 낮은 숙련'이라고 생각한다. 시운전은 종종 새로 설계되거나 수정된 기계, 장비, 또는 시스템의 성능을 검증하는 과정에서 이루어진다. 초기 설계나 제작 단계에서 문제가 있는지 확인하는 과정이기도 한데, 이 과정에서 발견되지 않은 결함이 조작 중 사고로 이어질 수 있다. 그리고 시운전에 참여하는 작업자가 해당 기계나 장비에 익숙하지 않은 경우, 조작 실수가 발생할 가능성이 높다. 아파트 건설 현장이라면 시운전을 하는 기계, 장비가 많은 편은 아니지만, 플랜트 건설 현장은 모든 플랜트를 최초로 가동하는 단계이므로 굉장히 신경이 예민해지는 시기이다.

2. 시운전 중 대표적인 사고 원인은 아니지만, 기계, 장비 필요한 안전 장치가 충분히 마련되지 않은 경우, 사고의 심각성이 커질 수 있다. 시운전은 실제로 가동을 해보고 문제점을 찾아야 보완할 수 있는 단계라서 시운전 전에 철저한 점검과 준비가 부족하면 사고 위험이 증가한다. 또한 시운전 과정을 참여하는 실제 운전자들은 조작을 배우면서 테스트하는 단계라서 서툴 수밖에 없다. 사전에 충분히 기계, 장비 조작법을 배우고, 습득해서 운전해야 한다. 나는 시운전 중에는 운전실 밖으로 작업자가 나가는 일이 없도록 했으며, 정비와 점검이 필요할 경우에만 모든 플랜트의 에너지원을 차단하고 현장에 투입시켰다.

3. 대한민국의 많은 사업체 중에서 시운전 사고사례가 가장 빈번한 시설물은 바로 '구동중인 기계설비'이다. 대표적인 구동 기계설비는 '컨베이어'라고 할 수 있는데, 컨베이어 시운전 시에는 안전과 성능을 확인하기 위해 철저한 준비와 주의가 필요하다. 시운전에 참여한 작업자들은 컨베이어의 속도, 소음 및 진동 여부, 벨트 트래킹(컨베이어 벨트가 중심을 벗어나지 않고 올바른 위치에서 움직이는지 점검), 과열 여부, 부하 처리 능력 등을 체크한다. 하지만, 사전에 컨베이어 벨트, 롤러, 풀리, 모터, 기어박스 등의 상태를 점검하여 설치 및 조립이 올바르게 이루어졌는지, 전기 배선이 올바르게 연결되었는지, 단락이나 전압 불안정이 없는지, 비상 정지 버튼, 센서, 보호 커버 등이 정상 작동하는지 등의 확인 행위를 생략하면 대형 사고로 이어지기 쉽다.

안전병법

4. 안전을 책임지는 구성원이라면, 시운전에 참여한 작업자들이 이행하는 체크 사항을 포함하여 '비상 정지 버튼(emergency)'이 제대로 작동하는지, 돌발 상황을 가정하여 비상조치가 제대로 수행되는지, 시운전 작업자들이 비상 절차를 숙지하고 있으며, 훈련이 되어 있는지를 확인해야 한다. 추가로 '시운전 결과표'를 기록하여 향후 문제 발생 시 참고할 수 있도록 하면 제일 완벽하다.

· 컨베이어 설치 및 가동 시 조치사항

가) 컨베이어를 사용하는 때에는 정전, 전압강하 등에 의한 화물 또는 운반구의 이탈 및 역주행을 방지하는 장치를 갖추어야 한다. 다만, 무동력 상태 또는 수평 상태로만 사용할 경우 생략이 가능하다.

나) 컨베이어 등에 당해 근로자 신체의 일부가 말려드는 등 위험을 미칠 우려가 있는 때 및 비상시에는 즉시 컨베이어 등의 운전을 정지시킬 수 있는 장치를 설치하여야 한다.

다) 컨베이어 등으로부터 화물의 낙하로 인하여 근로자에게 위험을 미칠 우려가 있는 때에는 덮개 또는 울을 설치하는 등 낙하 방지를 위한 조치를 해야 한다.

라) 트롤리 컨베이어를 사용할 때는 트롤리와 체인 및 행거가 쉽게 벗겨지지 아니하도록 상호 확실하게 연결시켜 사용하도록 하여야 한다.

마) 근로자를 운반할 수 있는 구조를 갖춘 컨베이어를 제외하고 운전 중인 컨베이어 등에 근로자를 탑승시켜서는 안 된다.

바) 운전 중인 컨베이어 등의 위로 근로자를 넘어가도록 하는 때에는 사고

위험을 방지하기 위해 건널 다리를 설치하는 등 필요한 조치를 해야 한다.

안전병법

08 근로자의 의욕이 결여되지 않도록 관리하라

1. 건설 현장에서 주로 진행하는 안전교육 내용을 포괄적으로 설명하면 '작업에 관하여 위험이 존재하는 것들', 그리고 '위험을 회피하기 위하여 안전 규칙을 정하고 있는 것들' 등이다. 실제로 교육을 진행하면 공사 말기임에도 불구하고 중도에 새로 투입된 근로자는 대체적으로 집중하는 편인데, 숙련된 작업자와 같이 작업 기간이 오래된 사람은 집중이 덜함이 느껴진다. 숙련된 작업자들은 '자신은 부상을 입지 않는다', '나는 괜찮을 것이다'라고 생각하고 위험을 제거하지 않은 채로 작업을 계속하는 경우가 매우 많고, 결과적으로 재해를 입는 경우도 적지 않다. 사고사례도 근로자들이 어느 정도 숙련되었다고 판단되는 '공사 말기'에 많이 발생한다.

2. 여러 번 언급했다시피, 건설 현장에는 작업자가 '프로젝트직'이 대부분인데 기간이 정해진 계약직이거나 일용직이 과반수 이상을 차지한다. 프로젝트 기간이 끝나면 서로 만나거나, 재결합하는 경우가

극히 드물기 때문에 처음부터 '관계의 의욕'이 없거나, 공사 말기로 가면 갈수록, 의욕이 없어지는 근로자가 눈에 많이 들어온다. 또한 산업안전보건법 또는 회사에서 정한 안전관리규칙 등의 규정을 위반하고 무시하는 행동이 일상화되어 계속하였음에도 불구하고, 아무런 사고나 재해에 이르지 않는 근로자들은 더욱 안일한 생각과 불안전한 작업 태도를 취하게 된다. 이와 같은 케이스는 여러 번 언급했다시피 안전작업규칙 등에 대한 생각, 마인드(mind)의 문제이다. 안전 규칙을 지키는 것이 왜 필요한지에 대한 동기부여가 서서히 사라졌기 때문에 발생하는 현상이거나, 아니면 애초부터 '안전에 대한 의욕'이 거의 없었다고 말할 수 있다.

3. 문제는 이러한 근로자들이 프로젝트의 마지막 시즌에 산업재해를 입는 사례가 많다는 사실이다. 산업재해를 분석할 때, 그 원인으로 작업자의 '안전에 대한 의욕의 결여'가 제시되는 사례가 실제로도 많다. 또 다른 문제가 되는 것이 있는데, 안전불감증을 갖고 있는 근로자가 작업 중에 불안전행동을 했을 경우, 현장을 관리하는 관리감독자가 이 점을 인지했음에도 불구하고 현 시점이 공사 말기라는 이유로 못 본 척 회피하거나, 현장에서의 인간관계가 불편해진다고 생각해서 잘못된 것의 지적과 그 시정 지시를 주저하는 경우이다. 이 같은 경우에는 작업자에게만 문제가 있는 것이 아니라, 관리감독자의 마음가짐에도 문제가 있다고 할 수 있다.

4. 물론, 관리감독자가 공사의 막바지 단계에 이르렀음에도 불구하고 불안전하게 작업하는 근로자에게 지적하고 호통치면 대상 근로자가 반성하면서 잘 따라 주는 것은 아니고, 오히려 반발에 가까운 감정을 가질 수도 있다. 이 같은 문제는 개개인의 자세, 사고 방식에 대응하여 적절하게 지시를 행하는 방법을 통해서도 해결할 수 있지만, 현장 전체의 분위기, 결속력도 작업자의 의욕에 크게 영향을 미치므로, 작업개시 전의 TBM 등 소집단의 안전 활동을 통하여 각자가 생각하고 있는 것을 발표하게 함으로써 프로젝트 기간 끝까지 안전에 대한 공통된 인식을 갖도록 지속적으로 유도해 가는 것이 효과적이다. 초심을 잃지 않고 끝날 때까지 끝난 것이 아닌 자세로 안전 작업하는 것은 결코 쉽지 않다. 하지만 안전을 전담하는 우리는 근로자가 안전 작업을 할 수 있도록 돕는 것이 의무이며, 사명이기에 본분을 잃지 않고 근로자들의 의욕이 결여되지 않도록 추적관리 해야 한다.

09 근로자의 피로도 관리가 필요한 시점이다

1. 공사 말기에는 많은 근로자가 지쳐있는 것이 눈에 보이는데 특히 펀치 리스트(Punch List)를 확보하고 개선하는 기간에 '피로도'가 많이 쌓이는 것을 느낀다. 피로는 작업능률과 관련되는 것 외에도 주의력 산만, 안전 수칙 생략, 안전불감증 등을 초래하므로 관리가 필요한 사항이다.

2. 공사 말기에는 '공기'에 대해 아주 민감한 시기이므로 공기가 지연되지 않도록 야간근로뿐만 아니라 근로자에게 무리한 작업을 요구할 때가 많다. 안전 환경 시각으로 봤을 때 분명 작업능률 저하와 생체의 타각적인 증상의 발생, 피로의 자각을 느끼는 근로자가 증가하고 있다. 더군다나 무리한 야간근로는 그날 중 회복되지 않고 피로가 익일로 넘어간다. 물론 익일이 정규 휴일이라서 휴식을 통해 회복 단계로 거듭날 수 있으나, 정규 휴일을 갖지 않으면 회복할 수 없다. 앞서 말했든 안전사고, 휴먼에러, 노이로제, 수면 불량 등의 나쁜

상태를 일으킨다.

3. 최종 완공을 한 달 앞두고 급히 현장에서 전화를 받은 적이 있다. '케이블 포설 작업자가 타워 계단을 내려오다 발을 헛딛었다'는 내용이었다. 계단에서 굴러떨어지거나 발목 인대가 늘어난 것까지는 아닌 경미한 사고였으나, 곧바로 해당 근로자를 조퇴시켰고, 병원에 들르게 했다. 나중에 알고 보니 이틀 연속 철야 작업을 해서 작업 능률이 현저히 낮아진 상태라고 했다. 피로의 특징 중의 하나인 '능률 저하'는, 단순히 작업량이 저하된다는 것이 아니라, 일을 많이 처리할 수 있는데도 피로도가 높아 능률이 오르지 않게 된다는 것을 의미한다. 또한 작업 중 '착오'가 증가하는데 정신적으로 올바른 판단을 하기 어렵고 근육의 에너지 소비량이 늘면서 '육체 피로'까지 커지게 된다. 최근에는 작업의 기계화가 현저히 진전되고, 신체 에너지의 소모가 큰 육체 피로가 감소하고 있지만, 건설 현장에는 정반대이다. 정신적 피로도는 당연하고, 대부분 몸을 쓰면서 일하는 직무이기 때문에 육체의 피로가 상당하다.

4. 피로 중에서도 육체적인 것은 '비교적 회복하기 쉽다'고 전문가들은 말하고 있지만, 사람마다 다르기 때문에 안전을 책임지는 나로서는 절대 무시할 수 없는 상황이었다. 우선 현장에 나쁜 환경이 있는지 재점검하였다. 조도 상태, 환기 상태, 식음료의 충분한 비치 등을 일일이 체크하였고, 아침마다 관리감독자들에게 철야 작업을

한 근로자의 컨디션 상태를 보고받았다. 또한 지나친 철야 작업을 막기 위해 정시 퇴근을 원칙으로 하되, 2시간 단위로 연장신청을 하도록 했다. 예를 들어 처음에는 넉넉히 밤 24시까지 작업하겠다고 신청하던 사례를 2시간 단위로 신청하는 것으로 개선하였는데, 신기하게도 철야 작업 발생일이 줄었다. 사람이 하룻밤 정도 자지 않았다고 바로 병에 걸리는 것은 아니지만, 건강하고 안전한 생활과 일을 하기 위해서는 일정한 수면 시간을 확보하도록 하는 것 역시 내 일이라고 생각했다.

10 최종 작업을 완료한 도급사들은 안전하게 정리해야 한다

1. 도급사별로 주어진 업무가 마무리된 사업체는 분주히 현장 정리하며 떠나기가 바쁘다. 컨테이너를 포함해 다양한 자재, 장비, 도구 등을 지정된 장소로 이동을 시킨다. 작업자가 직접 자재나 장비를 들어 옮기거나 크레인, 지게차, 덤프트럭, 리프트 등 기계를 이용해 자재를 옮기기도 한다. 건설 현장에서 운반으로 인한 산업재해가 대부분 '인력 운반'으로 인해 사고가 나는 것으로 나타났다. 인력 운반은 현장 작업에서 가장 빈번한 작업으로, 효율적이고 안전하게 진행되지 않으면 공사 일정에 차질이 생기거나 작업자의 안전에 위협이 될 수 있기 때문이다.

2. 인력 운반의 재해 사례 중 가장 빈번한 것은 무거운 화물 운반 중 무리한 동작으로 인한 '요통재해'이며, 그 외에 운반 물을 들거나 놓을 때 생기는 손이나 발 등의 '협착', 운반물 자체가 고온이거나 날카로운 부분이 있을 때 '화상이나 자상' 등이 발생한다.

또한 운반물의 낙하 위험이 있을 경우, 부주의하면 발이나 손을 다칠 수 있다. 인력 운반작업 시 재해 위험을 높이는 구체적인 사유는 운반 방법의 기본 동작이 지켜지지 않는 점, 적절하지 않은 도구나 기구를 사용하는 점, 운반 방법의 표준 절차가 없는 점 등이 있는데, 가장 중요한 것은 프로젝트의 마무리 시점에 작업장의 정리(해산) 시 '훈련 교육'이 전무하다는 점이다. 물론 작업 중 산만함이나 보호 장구 미착용으로 인해 사고 발생이 있겠지만, 모든 점은 인력 운반에 대한 안전 지식이 미흡하여 제대로 인지하지 못한 점이라고 볼 수 있다.

3. 인력 운반은 개인의 능력에 따라 차이가 있기 때문에 그 능력의 한계 내에서 작업이 제한될 수밖에 없고, 만일 그 한계를 초과하면 신체의 피로를 증대시켜 작업능률을 저하시키게 되어 재해를 일으킨다. 인력 운반의 동작 형태를 정확히 분석하여 근로조건을 합리적으로 개선하는 것이 중요하다. 일반적인 성인 남자 기준의 '인력 운반의 한계'는 교육을 통해 반드시 숙지시켜야 하며, 여자의 경우는 남자의 60% 정도를 적용한다.

· 성인 남자 기준 인력 운반의 한계

가) 3~4인이 계속 운반해야 하는 작업

나) 바닥에서 머리까지의 운반 작업

다) 바닥에서 어깨까지 25kg 이상의 운반 작업

안전병법

라) 바닥에서 허리까지 50kg 이상의 운반 작업

마) 바닥에서 무릎까지 75kg 이상의 운반 작업

4. 나는 인력에 의한 '인력 운반'은 될 수 있는 한 하지 않고, 운반 기계나 작업 도구를 이용한 '기계 운반'을 하는 방향으로 시달했다. 공사가 거의 마무리되어 정리하는 도중에 안전사고가 나는 것은 '다 된 밥에 코 빠뜨리는 꼴'이기 때문이다.

하지만 운반이라고 해서 모두 기계 운반을 할 수 없는 노릇이다. 작업 효율성이나 편리한 면에서 인력에 의한 운반이 타당한 화물이 있다면 부득 '인력 운반'으로 해야 할 것이다. 인력 운반에 대한 교육은 사전에 꼭 이행하도록 하자.

· 인력 운반 작업의 안전 대책

가) 작업자는 안전 보호구를 반드시 착용토록 하고, 작업용구, 도구는 적정한 것을 사용시킨다.

나) 작업장 및 통로 등 작업 환경을 정비한다.

다) 취급하는 화물의 위험성이나 특성, 취급방법 등에 대해 사전에 숙지한다.

라) 화물의 올리는 방법, 운반방법 등의 기본동작 등에 대해 훈련한다.

마) 작업자의 능력을 파악하고 적정한 배치를 고려한다.

바) 작업지휘자를 정하고 안전수칙을 지키며 정리를 하는지 지휘, 감독을

시킨다.

사) 작업자의 건강상 태와 체력을 모니터링하고, 휴식을 적절하게 시킨다.

안전병법

11 무재해를 달성했다고 자만해서는 안된다

1. 안전 최우선의 자세로 끝내 '무.재.해.'를 달성하였다. 카운트다운은 'D-100'일부터 시작을 했는데 전체 작업자들과 함께 세면서 100일을 버티어 나갔다. D-1일 저녁은 많은 생각에 잠기는 시간이었다. 1년 반이라는 긴 시간 동안 건설안전 총괄을 맡으며, 과연 내가 충분한 전략과 언동이 동반되어 실천했는지 곰곰이 생각했다.

2. 한 프로젝트의 관리자로서 안전을 진심으로 생각했기에 안전에 대한 문제에 임할 때는 막연하게 말하거나, 추상적으로 실천하지 않았던 것 같다. 구체적인 언동이 동반되었으며 보고 받을 때 역시 구체적으로 피드백을 주고받는 것으로 분위기를 조성했다. 현장의 관리 감독자들이 주로 '개선', '보완', '철저'라는 단어를 많이 사용했는데, 사실 내 주위뿐만 아니라 대한민국 대부분의 사업체에서도 동일할 것이다. 나는 위의 단어를 남발할 때면 언제까지

어떻게 개선 보완할 것이며 무엇을, 어떻게 철저히 하는지 구체적으로 표현하지 않을 때는 다음날 재보고 받았었다.

3. 나 역시 관리 감독자로부터 안전상의 문제를 제기 받으면 반드시 개선을 위한 구체적 방안을 전달했으며, 그 방안을 통해 개선하였다고 보고를 받은 경우에는 즉시 현장에 나가서 개선이 적절 타당하게 이루어졌는지를 필히 확인했다. 이러한 분위기 하나하나가 오늘날의 무재해로 왔다고 생각한다. 건설 현장 전체적으로 안전의식이 현격히 높아졌다고 보인다. 작업자들이 플랜트를 설치하고 테스트하는 활동뿐만 아니라 주어진 안전 활동에도 적극적으로 참여하였기에 모든 구성원이 경미한 재해도 입지 않고 이렇게 '무재해'를 달성할 수 있게 된 것이다.

4. 무재해를 통해 건설한 플랜트 공장은 건강하고 탄탄하다. 이러한 공장에서 일하면 보람과 행복을 실감할 수 있게 되고, 나아가 품질이 향상되어 불량이 줄어들며, 생산성(이익) 향상에도 큰 도움이 된다. 안전에 유의하여 작업한다는 것은 올바른 방법으로 작업한다는 것을 의미하기 때문에 작업 미스가 없어지고, 안전 측면뿐만 아니라 품질 측면에도 크게 기여하게 되는 것이다. 이것이 바로 내가 고안해 낸 〈아크릴의 법칙(AHCHReel's Law)〉이다.

아크릴의 법칙이란, 대한민국 노동자연구가 노정진(1982~)이

고안한 이론으로서 기업이 성장하고 고객(고객사)의 만족도를 높이기 위해서는 고용한 직원이 행복해야 이룰 수 있다는(Associate Happiness-Customer Happiness(Company High level)-Reel) 전제 조건을 강조하고 있으며, 이는 선순환 기능을 하고 있다는 점을 알리고 있다. 기업은 근로자의 니즈를 관철하고 꾸준히 개선하는 활동을 통해 기업의 성장을 기대할 수 있으며, 주주의 권익까지 보호할 수 있다는 이론이다.

5. 그런데 무재해를 달성하였다고 하여, 직장에서 안전관리 실력을 과신하거나 자만해서는 안 된다. 무재해 달성에 크게 기여한 관리감독자들이 현실에 안주하여 본인들이 안전에 대한 중요성을 점점 잊어갈 때, 현장 작업자들의 안전의식은 서서히 저하되고, 머지않아 재해 발생으로 연결될 가능성이 커진다. 안전관리에 방심은 금물이고, 지속적인 관리가 필수적이다. '평생 지속'이 맞는 말이다.

프로젝트의 마무리가 되는 날이자, 공식적으로 공사 마지막 날에 투자회사와 발주사, 그리고 각 시공사 대표들과 함께 저녁 식사를 했다. 플랜트 공장을 멋지게 완공했다는 것도 중요하지만 무엇보다 한 건의 안전사고 없이 무재해를 달성했다는 점에서 축배의 잔으로 자축했다. 그 전부터 오늘날을 간절히 기다려왔지만, 겉으로 유난을 떨지는 않았다. 물론 속 마음은 하늘을 날아갈 것만 같은 기쁨이 가득했다. 건설안전은 멋지게 마무리했으니, 이제 계속 진행되고 있는 시운전과 생산안전에 몰입하겠다는 각오로 더욱 함구했다.

기업에서 안전은 생산의 필수조건이다. 건설 현장이든, 생산 현장이든, 서비스 현장이든, 업종별로 가릴 것 없이 안전은 최우선 항목으로 자리매김하고 있다. 따지고 보면 안전을 최우선으로 강조하는 조직문화가 자리 잡은 것은 그리 오래되지 않았다. 1952년 육군본부에 '안전 부서'를 설치하여 군의 안전 업무를 담당한 것이 최초의 조직적인 안전 업무의 시작이다. 이후 1963년 노동청이 발족하여 노동조합, 노동자에 대한 근로조건, 안전관리, 산업재해보상, 기타 직업안전에 관한 업무를 관장하였다. 1964년 1월 '산업재해보험제도'를 시작하였고, 그 후 노동부로 승격되었다. 1981년 노동부에 '산업안전과'를 세부적으로 두어 산업안전과 보건에 관한 업무를 전담하였으며, 1982년 7월에 '산업안전보건법'이 시행되었다.

따라서 법으로 안전을 실질적으로 보장받은 것은 1982년부터라고 할 수 있고, 이후 1987년 '한국산업안전공단'이 설립되어 안전 보건 분야의 기술적 지원까지 받게 되었다. 아직 50년도 채 되지 않는 안전관리시스템 속에서 이것저것 해보고 실천해 보아도 대한민국의 산업재해율은 늘 상위권에 속해 있다. 구조적인 문제가 있을 수 있고 정서상 문제가 있을 수도 있지만, 첫 번째로 사람의 존엄성은 침해할 수 없는 범위이므로 무슨 수를 써서라도 근로자가 안전하게 일할 수 있는 현장을 구현해야 하는 게 나와 같은 안전실무자들의 책무이다.

고귀한 사람의 생명이 안전의 최우선적인 필요성이라면, 두 번째 필요성은 기업의 목표를 달성할 수 있는 고(高)생산성을 위함이다. 안전한 작업 표준은 작업 과정에서 무리하거나 위험한 행동을 방지하며, 직장의 정리 정돈을 통해 쾌적한 업무 환경을 유지함으로써 근로자들의 의욕을 고취시킨다. 또한, 기계 설비의 안전한 운영은 근로자들에게 안정감을 제공해 안전한 작업 태도를 습관화하고, 이는 결국 작업 효율과 생산성의 향상으로 이어지게 한다.

　생산 목표를 달성하기 위해서는 근로자의 안정된 작업 능력과 함께 기계 및 설비, 작업 환경이 조화를 이루는 것이 필수이다. 작업장에서 안전은 근로자가 작업에 필요한 안전 지식을 익히고, 안전 점검과 순찰, 지시를 충실히 이행하며, 안전 기준을 준수함으로써 이루어질 수 있다. 이를 통해 이상 요소를 사전에 제거하고, 미래 생산 계획을 안정적으로 추진할 수 있다. 또한 안전한 작업 환경은 사고를 예방하여 생산 지연, 품질 저하, 원가 상승과 같은 문제를 방지한다. 이는 기업의 이윤 극대화와 신뢰도 향상에 기여하며, 궁극적으로 경영 활동의 최적화된 환경을 조성하게 된다.

　기업의 경영활동은 제품이나 서비스를 생산하는 과정에서 다양한 요소를 관리하여 합리적인 이익을 창출하는 과학적 의사결정 과정이라 할 수 있다. 이 과정의 근간이 되는 세 가지 핵심 요소는 자본, 기술, 작업자이다. 이 세 가지 요소의 효율적이고 합리적인 관리는 기업의 성공에 필수이다. 경영활동을 성공적으로 운영하기 위해서는 최고 경영진부터 근로자에 이르기까지 안전에 대한 책임 의식을 가져야 한다. 안전은 품질 개선과 생산성 향상, 기업 이윤의 극대화를 위한 가장 기본적인 조건으로, 작업장의 안전성 확보는 경영활동의 필수 요소이다.

안전을 확보함으로써 기업은 안전한 환경에서 작업 효율을 높이고, 사고로 인한 지연을 방지한다. 연이어 사고와 같은 불필요한 손실을 방지하여 원가를 낮출 수 있다. 또한 고품질의 제품과 서비스를 제공하는 데 기여하며 기업의 사회적 신뢰를 높이고, 장기적인 성장을 지원하게 된다. 따라서 안전은 기업 경영활동의 근간이 되는 필수 조건이다. 작업장의 안전성을 확보하면 근로자의 생명을 보호할 뿐만 아니라, 생산성 향상과 품질 개선, 기업 이윤 극대화로 이어지는 선순환 구조를 만들 수 있다. 이러한 안전의 중요성을 모든 구성원이 인식하고 이를 실천하는 것이 성공적인 경영활동의 열쇠이다.

마지막으로 안전의 필요성 세 번째는 현장의 질서유지와 근로자 간의 긍정적 이해관계 조성이다. 기업의 안전 룰(Rule)을 스스로 준수함으로써 직원 간의 '준법정신'이 향상될 수 있으므로 직장의 규율이 유지되어 안전한 직장을 만든다. 안전한 직장은 노사 간의 이해 속에서 전원일치의 협력체제가 이루어져 여러 가지 사안의 복잡한 노사문제가 해소될 수 있으며, 직원들 간의 커뮤니티 관계도 좋아져 근로자 개개인과 회사 발전에 기여하게 된다.

소통이 잘되는 회사는 별거 아니다. 근로자가 일하기 안전하고 쾌적한 회사가 소통이 잘되는 회사로 거듭나는 것이다.

  안전 업무를 하는 정부기관과 산하 관공서에서는 오래전부터 안전의 경영자 참여를 권고했다. 경영자의 마인드가 기업 전체의 이념을 새기는 데 큰 역할을 하기 때문이다. 경영자가 생산 현장의 안전에 관심을 두게 하고 전사적으로 일치단결하여 전원이 재해 방지에 참여하게 하려면 경영자 자신이 솔선수범하여 적극적으로 참여하는 자세가 필요하다. 대한민국의 많은 기업들이 경영자에서부터 신입사원까지 탑다운(Top-Down) 방식의 안전 참여가 이뤄질 때, 서두에서 말한 상위권에 속한 산업재해율에서 점차 나아지는 모습을 기대할 수 있다. 대한민국의 무재해 목표 달성을 위해 오늘도 다 함께 힘차게 외쳐보자.

  "위험을 보는 것이! 안전의 시작이다!"

안전

　'안전(Safety)'이란 용어는 인류의 초기부터 우리 인간에게 가장 근본적인 욕구의 하나로서 인식되어 왔으며 그 역사는 인류와 함께하고 있다. 이러한 안전이란 용어는 여러 학자에 의하여 정의되었는데, 웹스터(Webster) 사전에 따르면 '안전이란 상해, 손실, 위험에 노출되는 것으로부터의 자유'라고 정의한다. 또한 산업안전 분야의 학자인 버크호프(H. O.Berckhofs)는 안전이란 '인간의 예측과 달리 돌발적으로 발생하는 사건을 과학적으로 통제한 상태에 있는 것'이라고 하였다. 즉, 인간의 예측 시스템하에서 운영되는 상태를 의미하는 것이다. 하인리히(H.W. Heinrich)는 '안전이란 사고 예방'이라고 정의하였다. 또한 여기서 사고 예방이란 물리적 환경과 인간 및 기계의 관계를 통제하는 과학을 의미한다. 오늘날 생산시스템 혹은 기업경영시스템하에서의 '안전'이란 재해나 위험의 소지가 없고, 근로자가 상해를 받지 않으며, 물적 손해 혹은 손상을 입히지 않는 상태를 말한다. 곧, 인간이 기대한 대로 시스템 내에서 작동되는 상태이다.

안전도

'안전도(Safety Grade)'는 어떤 대상물에 대해서 외적 조건을 상정해서 어떤 1개의 기준이 만들어졌을 때, 그 기준에 대한 여유의 정도를 말한다. 즉, 안전도가 크다는 것은 예상외의 사항이 발생하여도 여기에 대응할 수 있는 능력이 크다는 것이다. 안전도가 크다면 파괴에 대한 여유가 커져서 또 기기의 수명도 길어진다.

안전계수

'안전계수(Safety Factor)'란, 와이어로프 등의 부재를 작업에 사용할 때 허용되는 응력(허용응력)과 그 부재의 파괴 응력과의 비를 말한다. 와이어로프를 실제 작업에서 사용할 수 있는 허용된 하중은 안전하중, 최대허용하중, 최대사용하중 등의 표현들을 여러 가지로 사용하는데 산업안전기준에 관한 규칙에서 안전계수를 표현할 때 '최대허용하중이'라고 사용한다. 기계 등의 부재 파괴는 부재의 형상, 표변 상황, 사용조건, 하중의 종류 등에 의해 영향받게 되므로 일반적으로 허용응력에 여유를 잡을 필요가 있다.

사고

'사고(accident)'는 위험 요인을 근원적으로 제거하지 못하여 위험에 노출되어 발생하는 바람직하지 못한 결과를 초래하는 것으로서 사망을 포함한 상해, 질병 및 기타 경제적 손실을 야기하는 예상치 못한 사상과 현상을 말한다. 다시 말하면 원하지 않는 사상, 비효율적 사상, 변형된 사상, 비계획적 사상이라 정의한다. 즉, 인간의 행동 과정에 있어서 예측 불허의 사태로 인하여 예상치 않은 결과로 표출된 상태를 말한다. 이러한 사고의 결과로 인하여 '상해' 또는 '재해', '손실'이 발생하는데 '상해'는 인명피해만이 초래되었을 경우를 말하며, '손실'은 물적 피해에 대한 의미로 사용하며, 인적 물적 피해가 동시에 발생하였을 경우 '재해'라는 용어를 사용한다.

사건

'사건(incident)'이라 함은 위험 요인이 사고로 발전되었거나 사고로 이어질 뻔했던 원하지 않는 사상으로서 인적·물적 손실인 상해·질병 및 재산적 손실뿐만 아니라 인적·물적 손실이 발생하지 않는 아차사고(Near Miss)를 포함하여 말한다.

안전관리

'안전관리(safety management)'란 재해로부터 인간의 생명과 재산을 보호하기 위한 계획적이며 체계적이고 과학적인 일련의 활동을 의미한다. 즉, 기업의 이윤 극대화를 저해하는 요소인 사고

혹은 재해가 발생하지 않도록 기업의 전반적인 시스템을 기대 수준의 상태로 유지할 수 있도록 관리 및 통제하는 제반의 활동을 안전관리라고 한다. 이러한 의미에서 재해란 안전사고의 결과로 발생하는 인적, 물적 손실을 의미한다.

안전작업계획서

'안전작업계획서(Safety Work Plan)'는 공사 등을 안전하게 작업하기 위해 세부 계획을 구체적으로 명시한 문서이다. 이는 작업 중 발생할 수 있는 안전사고를 방지하여 근로자의 안전과 보건을 책임지고 회사의 자산을 보호하는 데 목적이 있다. 안전작업계획서 작성 시에는 시행하고자 하는 공사의 개요를 비롯하여 안전 관리 조직 및 체제, 안전 교육 시행 계획 등을 구체적으로 밝혀 기재해야 한다. 또한 투입 장비 및 안전 장구 현황, 안전 관리 및 안전 작업 시행 계획 등을 항목에 따라 누락이 없도록 작성하도록 한다.

위험

'위험(Risk)'이란 두 가지로 나누어 생각해 볼 수 있다. 즉, 위험한 요소가 있다는 것을 인지한 상태에서 발생하는 위험과 위험한 요소가 있다는 것을 인지하지 못한 상태에서 발생하는 위험, 즉 '예상할 수 있는 위험'과 '예상할 수 없는 위험'이 있다. 전자를 리스크(Risk)라고 표현하고 후자인 경우를 데인저(Danger)라고 한다. 그러므로 사업장에서 발생하는 위험은 전자의 경우처럼 인지한 상태에서 발생하는 위험이 대부분을 차지한다. 이를 예방하기 위하여 사업장에서는 안전 점검이나 작업 전 교육 혹은 조회 등을 통하여 이러한 인지된 위험을 사전에 제거하거나 제거될 수 있도록 노력해야 한다.

산업재해

'산업재해(industrial accident)'란 산업안전보건법에서는 '근로자가 업무에 관계되는 건설물, 설비, 원자재, 가스, 증기, 분진 등에 의해서 기타 업무에 기인하여 사망 또는 부상하거나 질병에 이환되는 것'을 말한다. 이는 사람과 외부에너지가 충돌 작용하여 근로자의 생명 기능 또는 노동 능력을 감쇄시키는 현상을 의미한다.

중대재해

「중대재해 처벌 등에 관한 법률」에서 규정하는 '중대재해(serious disaster)'는 중대산업재해와 중대시민재해를 포괄하는 개념이다. 여기서 중대산업재해는 산업재해 중 사망자 1명 이상이 발생하거나, 부상자 2명 이상 동일한 사고로 6개월 이상 치료 필요 사례 발생, 동일한 유해 요인으로 급성중독 등 대통령령으로 정하는 직업성 질병자가 1년 이내에 3명 이상 발생 등의 결과를 야기한 재해를 말한다. 대표적인 직업성 질병에는 반응성 기도과민증후군, 스티븐스존슨증후군, 독성간염, 혈액전파성 질병(다만, B형 간염, C형 간염, 매독, 후천성면역결핍증에 한함), 렙토스피라증, 탄저·단독·브루셀라증, 레지오넬라증, 감압병·공기색전증, 산소결핍증, 열사병 등이 있다.

휴먼에러

'휴먼에러(Human Error)'는 인간의 신체적, 정신적 불완전함 때문에 발생하는 오류 혹은 '실수 휴먼 에러'는 인간의 불완전함과 가변성 등을 근거로 발생하는 오류를 의미한다. "행위자가 의도하지 않았거나, 일련의 규칙이나 외부 관찰자가 원하지 않았거나, 또는 과제나 시스템을 허용 가능한 한계 밖으로 이끈" 무언가가 행해진 것을 말한다. 즉, 이는 의도, 기대 또는 바람직함에서 벗어난 것이다. 논리적으로, 인간의 행동은 두 가지 다른 방식으로 목표 달성에 실패할 수 있다. 행동은 계획대로 진행될 수 있지만 계획이 부적절할 수 있고(착오로 이어짐), 또는 계획은 만족스러울 수 있지만 수행이 미흡할 수 있다. 그러나 특정한 것을 달성하려는 계획이 없었다면 단순한 실패는 오류가 아니다. 휴먼 에러가 발생하는 이유는 인간의 해이, 착각, 생략 행위, 예측 판단, 미숙련 등 여러 가지이다.

인용 및 참고문헌

1. 『인간중심의 통합안전경영시스템』 (나승훈, 서지한, 형설출판사)

2. 『바이오리듬』 (채범석, 크라운출판사)

3. 『위험성평가사 양성과정』 (양동주 외, 민영사)

4. 『바이오리듬이 안전관리에 미치는 효과에 대한 분석』 (채범석)

5. 『위험사회:새로운 근대성을 향하여』 (홍성태 옮김, 새물결)

6. 『안전심리』 (정진우, 청문각)

7. 『산업 및 조직심리학』 (박동건 옮김, 학지사)

도움주신 분들

1. 대한산업안전협회 포항지회 기술사분들

2. 안전보건공단 경북동부지사 직원분들

3. 노무법인 〈해답〉 노무사님

도서출판 이비컴의 실용서 브랜드 **이비락**😊 은 더불어 사는 삶에 긍정의 변화를 줄
유익한 책을 만들기 위해 끊임없이 노력합니다.

원고 및 기획안 문의 : bookbee@naver.com